DIE ANTI-FETTLEBER-KUR

Rezepte zur Regeneration und Entgiftung der Leber

DIE ANTI-FETTLEBER-KUR

Rezepte zur Regeneration und Entgiftung der Leber

Texte: Dr. Nicole Schaenzler
Rezepte: Martina Kittler
Fotos: Maria Grossmann und Monika Schürle
Illustrationen: Ela Strickert

GESUNDE LEBER, GESUNDER KÖRPER

GESUNDE REZEPTE, MIT DENEN SIE IHRE LEBER SCHONEN

GESUNDE LEBER,
gesunder Körper

Damit all die Vorgänge in unserem Körper reibungslos ablaufen, ist es wichtig, dass die Leber ungestört arbeiten kann – ihre Gesundheit ist eng mit der Gesundheit des gesamten Organismus verknüpft. Das bedeutet aber auch: Schwächelt unsere Leber, steigt das Risiko für ernsthafte Störungen und für verschiedene Erkrankungen im System »Körper«.

EIN ORGAN – viele lebenswichtige Aufgaben

Sie steuert wichtige Stoffwechselprozesse, ist für die Entgiftung zuständig und reguliert unsere Energieversorgung – kein anderes Organ hat so viele Aufgaben wie die Leber.

Unsere Leber ist ein Organ der Superlative: Sie ist das schwerste Organ und zugleich die größte Drüse des Körpers. Außerdem ist die Leber das einzige Organ, das Blut aus zwei Quellen erhält: aus der Leberschlagader und aus der Pfortader. Dementsprechend werden durch sie jeden Tag große Mengen Blut, bis zu 2000 Liter, gepumpt – das sind ungefähr 1,5 Liter in der Minute. Damit gehört die Leber zu den besonders gut durchbluteten Organen – und das ist auch der Grund für ihre charakteristische rotbraune Färbung.

GENERALIST UNTER DEN ORGANEN

Aber vor allem gilt die Leber als Generalist unter den Organen: Stoffwechselzentrale, Hormonfabrik, Speicher-, Entgiftungs- und Ausscheidungsorgan – das alles ist sie in einem. Außerdem ist sie der Motor unseres Energiehaushalts. Durch die Aufnahme und Verarbeitung von Nährstoffen hält die Leber für den Körper Fette, Kohlenhydrate und Eiweiße bereit, über die er verfügen kann, wann immer er die Substanzen benötigt. Gleichzeitig entzieht die Leber dem Blut auch gefährliche Stoffe, die im Körper zirkulieren. So viele unterschiedliche Aufgaben kann in unserem Organismus nur die Leber bewältigen. Das alles läuft gleichzeitig ab, rund um die Uhr, in jeder Sekunde unseres Lebens. Damit ist klar: Die Leber steuert nichts weniger als unsere Gesundheit und unser Wohlbefinden.

Groß, schwer, keilförmig

Die Leber eines Erwachsenen wiegt durchschnittlich 1,5 Kilogramm. Trotz der Größe passt sich ihre Form dank ihrer weichen

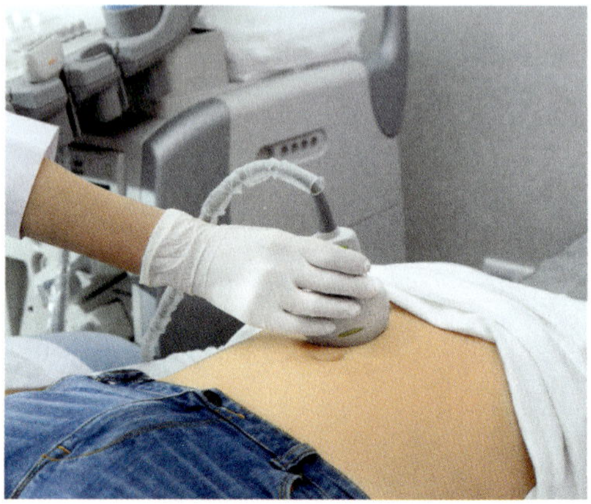

EINE TEILLEBERTRANSPLANTATION IST MÖGLICH!
Die Leber ist eine Meisterin der Selbstheilung: Anders als alle anderen Organe ist sie in der Lage, entstandene Schäden – etwa durch eine Infektion oder durch Giftstoffe – selbst wieder zu reparieren. Sie wächst sogar nach, wenn man große Teile aus ihr herausschneidet. Auch die Transplantationsmedizin macht sich die einzigartige Fähigkeit der Leber zu Nutze: Bei einer Teillebertransplantation (Splitleber) wird das Organ des Spenders in zwei Anteile geteilt; einen davon behält er selbst, den anderen erhält der Empfänger (meist ein Kind, das mit dem Leberanteil eines Elternteils versorgt wird).

Konsistenz mühelos den Nachbarorganen an. Dabei liegt die Leber wie ein breiter Keil direkt unter dem Zwerchfell zu drei Vierteln im rechten und zu einem Viertel im linken Oberbauch – in guter Nachbarschaft zu Magen, Zwölffingerdarm, Bauchspeicheldrüse, Darm und Gallenblase (s. S. 14).

Direkt am Zwerchfell

Mit der Unterfläche des Zwerchfells ist die Leber teilweise verwachsen. Weil sich das Zwerchfell mit jedem Atemzug nach unten in Richtung Bauchraum senkt, kann sich auch die Lage der Leber etwas verändern. Deshalb kann zum Beispiel der Arzt während einer Untersuchung Ihres Bauchs den unteren Rand der Leber mit den Händen relativ gut ertasten. Dabei geht er meist so vor: Wenn Sie zunächst maximal ausatmen, steigt die Leber nach oben. Dann dürfen SIe tief einatmen und die Leber sinkt wieder ab. Daneben kann auch eine Untersuchung der Leber per Ultraschall erfolgen.

Geschützt durch Bindegewebe

Umgeben ist die Leber von einer bindegewebigen Kapsel, die wiederum fast vollständig von Bauchfell überzogen ist. Im Gegensatz zur Leber selbst ist diese Bindegewebskapsel von Nervenfasern durchzogen, die Schmerzreize übermitteln. Schwillt die Leber zum Beispiel aufgrund einer akuten Entzündung oder einer plötzlichen Blutstauung (Stauungsleber) an, dehnt sich die Bindegewebskapsel stark aus und kann so unangenehme Druckschmerzen im rechten Oberbauch hervorrufen.

Rechter und linker Lappen

Die Leber wird durch ein Band aus Bindegewebe in einen rechten und einen linken Leberlappen unterteilt (Sichelband). Der rechte Leberlappen (Lobus dexter) ist wesentlich größer als der linke (Lobus sinister) – er füllt fast den gesamten oberen Bauchraum aus. In ihrem Innern besteht die Leber aus einer Vielzahl winziger Leberläppchen, die kleine Funktionseinheiten bilden und aus rund drei Millionen ringförmig angeordneter Leberzellen (Hepatozyten) zusammengesetzt sind. Hinzu kommen weitere spezialisierte Zellen wie die Hepatischen Sternzellen, die unter anderem als Fett- und Vitamin-A-Speicher dienen, oder die Kupffer-Zellen, die Teil des Immunsystems sind.

LOGISTIKCENTER LEBERPFORTE

An der Unterseite der Leber verläuft ein kurzer Spalt, der Leberpforte genannt wird. Sie ist gewissermaßen das Logistikcenter der Leber. Denn hier treten die wichtigen Versorgungsgefäße Leberarterie (Leberschlagader) und Pfortader ein (die Pfortader ist allerdings keine »Ader«, sondern eine Vene, die Vena portae). Dabei verzweigen sich die beiden Blutgefäßsysteme in der Leber in feinste Kapillarnetze.

DER PFORTADERKREISLAUF

Das venöse Blut, das die Nährstoffe aus dem Darm transportiert, nimmt erst einmal einen Umweg über die Leber, bevor es (über die untere Hohlvene) zum Herzen gelangt. Der Pfortaderkreislauf ist also nicht direkt in den großen Blutkreislauf eingebunden, sondern stellt einen Nebenzweig dar. Dies macht doppelt Sinn: Die verwertbaren Stoffe können in der Leber umgehend verarbeitet werden. Gleichzeitig werden die Schadstoffe aus dem Blut herausgefiltert und abgebaut, bevor sie in den eigentlichen Blutkreislauf gelangen.

Nährstoffe aus dem Blut filtern

Über die Leberarterie werden die Leberzellen mit sauerstoffreichem Blut aus dem Herzen versorgt. Die Pfortader nimmt das sauerstoffarme, aber nährstoffreiche Blut aus Darm, Magen, Bauchspeicheldrüse, Milz und Gallenblase auf und führt es der Leber zu. Dabei filtert sie nahezu sämtliche Stoffe heraus, die wir durch die Nahrung über den Darm in die Blutbahn aufnehmen. Insgesamt erhält die Leber etwa 75 Prozent ihres Bluts durch die Pfortader. Über das Kapillarnetz gelangen die Substanzen dann zu den einzelnen Leberzellen, wo sie verarbeitet, gespeichert und bei Bedarf an den Organismus abgegeben werden.

Gallenblase und -gang

In einigen Bereichen arbeitet die Leber eng mit der Gallenblase zusammen, allen voran bei der Fettverdauung. Deshalb befindet sich die Gallenblase in unmittelbarer Nähe der Leber, an der Unterseite des rechten Leberlappens, kurz vor der Einmündung in den Darm. Sie ist ein birnenförmiges Säckchen mit einem Fassungsvermögen von bis zu 70 Millilitern. Ihre Aufgabe besteht darin, die von der Leber gebildete Gallenflüssigkeit – von der sie bis zu 1 Liter pro Tag be-

reitstellt – zu sammeln, einzudicken und zwischen den Mahlzeiten zu speichern.

Gallensäuren zur Fettverdauung

Fangen wir an zu essen, zieht sich die Gallenblase kurz zusammen – und schon gelangt die Gallenflüssigkeit über den Gallengang zur Fettverdauung in den Zwölffingerdarm. Dieser Gallengang ist Teil eines Kanalsystems, zu dem sowohl Gänge innerhalb (intrahepatisch) als auch Gänge außerhalb (extrahepatisch) der Leber gehören. Der Gallengang, der aus der Leber herausführt (Ampulle), durchquert die Bauchspeicheldrüse und mündet gemeinsam mit ihrem Ausführungsgang (Vater-Papille) in den Zwölffingerdarm – den Zielort des Gallensafts. Galle besteht neben Wasser aus Elektrolyten, Cholesterin, Bilirubin und vor allem Gallensäuren. Diese docken an die Nahrungsfette an und mischen sie mit dem wässrigen Darminhalt, sodass die dort enthaltenen Enzyme (Lipasen) sie in feinste Bestandteile zerlegen können.

CHEMIEFABRIK mit zahlreichen Funktionen

Der Stoffwechsel ist die Grundlage aller lebenswichtigen Vorgänge im Körper. Und weil die Leber unser größtes Stoffwechselorgan ist, ist ein Leben ohne sie unmöglich.

Der Umbau und Abbau von Nährstoffen sowie der Abbau von Schadstoffen sind die Domänen der Leber. Versagt ihre Fähigkeit als Kläranlage, das Blut rund um die Uhr zu filtern und zu entgiften, sind in kürzester Zeit lebensbedrohliche Komplikationen die Folge. Die Hauptaufgaben der Leber sind im Folgenden erläutert und auf der nächsten Doppelseite (s. S. 14 f) illustriert.

DIE LEBER UND IHRE ROLLE ALS …

… Stoffwechselzentrale

Die Leber ist an fast allen essenziellen Stoffwechselprozessen beteiligt: am Eiweißstoffwechsel ebenso wie an der Regulierung des Fett- und Kohlenhydratstoffwechsels. Aus dem Einfachzucker Glukose bildet sie den Speicherstoff Glykogen (in Leber und Muskeln) und spaltet ihn bei Energiebedarf wieder zu Glukose auf. Auf diese Weise reguliert sie (mit Beteiligung der Hormone Insulin und Glukagon) den Blutzuckerspiegel. Zudem ist die Leber an der Steuerung des Mineralstoff- und Vitaminhaushalts beteiligt. Darüber hinaus aktiviert sie Hormone wie die Schilddrüsenhormone, baut andere Hormone wie Insulin oder Sexualhormone ab und sorgt dafür, dass dem Körper stets genügend Energie zur Verfügung steht. Aber auch auf die Schlagkraft unseres Immunsystems, die Flüssigkeitsverteilung zwischen Blut und Gewebe und auf die Blutgerinnung nimmt die Leber Einfluss.

… Entgiftungszentrale

Von Abbauprodukten des körpereigenen Zellstoffwechsels bis hin zu Medikamenten, Alkohol und Umweltschadstoffen werden sämtliche unerwünschte Substanzen in der Leber für die Ausscheidung vorbereitet. Hierfür nutzt sie eines ihrer verschiedenen Enzymsysteme – beispielsweise das Cytochrom P450 zum Abbau von Medikamenten. Das giftige Ammoniak, das beim Abbau von Eiweißbausteinen (Aminosäuren) anfällt, wird von der Leber in wasserlöslichen Harnstoff umgewandelt – und den können die Nieren dann gefahrlos ausscheiden.

… Entsorgungsunternehmen

Weniger giftig, aber für den Körper unbrauchbar ist Bilirubin, ein Abbauprodukt des roten Blutfarbstoffs Hämoglobin, das für den Sauerstofftransport im Blutgefäßsystem zuständig ist. Die Umwandlung des Hämoglobins zu Bilirubin beginnt bereits in der Milz. Doch erst in der Leber erfolgen die entscheidenden Schritte, um die Substanz endgültig hinausbefördern zu können. Der Bilirubin-Wert im Blut sagt auch etwas aus über den Zustand der Leber und wird zur Diagnose herangezogen (s.S. 25).

... Vorratsspeicher

In ihren winzig kleinen Speicherkammern bunkert die Leber vorübergehend alle wichtigen Nährstoffe (wie Fettsäuren, Aminosäuren, Kohlenhydrate, Vitamine) aus dem Blut, die gerade nicht benötigt werden. Glukose wird in Glykogen umgewandelt und bis zu einer gewissen Menge eingelagert. Sinkt der Blutzuckerspiegel, gibt die Leber die Glukose wieder ins Blut ab. Daneben können Leberzellen Zucker in Fett und Eiweiße in Zucker umwandeln. Fettsäuren baut sie zu Speicherfett zusammen, hier ist die Speicherkapazität unbegrenzt – fatal für das Risiko einer Fettleber.

ZWEI AUSSCHEIDUNGSWEGE

Die Abfallprodukte, die gut wasserlöslich sind, gibt die Leber ins Blut ab, das sie zu den Nieren befördert. Von dort werden sie – in Urin gebunden – möglichst rasch nach außen befördert. Abbaustoffe, die nur in Fett löslich sind, gelangen – gebunden in der Gallenflüssigkeit – über das Gallengangsystem in den Darm, wo sie mit dem Stuhl ausgeschieden werden.

... Produktionsstätte

Allen voran gilt das für Eiweißverbindungen (Proteine), die aus Aminosäuren zusammengesetzt werden. Hierfür zerlegen die Leberzellen Proteine aus der Nahrung in ihre Einzelbausteine und bauen sie dann zu körpereigenen Eiweißen wie Enzymen, Antikörpern oder Blutgerinnungsfaktoren wieder zusammen.

Darüber hinaus stellt die Leber Eiweiße für den Transport von Fetten oder von Hormonen im Blut her. Ein wichtiges in der Leber gebildetes Protein ist Albumin, das den Haupteiweißbestandteil des Blutplasmas ausmacht. Albumin kann Wasser binden und sorgt mit der Aufrechterhaltung des Gewebedrucks dafür, dass die Flüssigkeitsverteilung zwischen Blut und Gewebe (kolloidosmotischer Druck) konstant bleibt. Fehlt Albumin, kommt es zu Wassereinlagerungen im Gewebe (Ödeme).

Weiterhin können die Leberzellen Fettsäuren synthetisieren. Und schließlich stellt die Leber einen Großteil des körpereigenen Cholesterins her, das zur Bildung der Gallenflüssigkeit verwendet wird – für deren Herstellung sie ebenfalls zuständig ist. Aber auch für die Sexualhormone dient Cholesterin als Ausgangsprodukt.

DAS LEISTET UNSERE LEBER

Sie bildet so wichtige Stoffe wie

- Proteine (zum Beispiel Albumin, Gerinnungsfaktoren, Hormone, Akute-Phase-Proteine)
- Cholesterin, Gallensäuren und Fettsäuren
- Ausgangsprodukte (Cholesterol) für Sexualhormone

Sie speichert unter anderem

- Traubenzucker (Glukose) in Form von Glykogen
- Fette (als Speicherfett) aber auch Gewinnung von Energie durch den Abbau von Fetten
- fettlösliche Vitamine (A, D, E, K) und Mineralstoffe (zum Beispiel Eisen)

Sie sorgt für die Umwandlung bzw. Beseitigung von Substanzen wie

- überalterte beziehungsweise defekte Körperzellen
- nicht mehr benötigte Hormone
- Bilirubin (Abbauprodukt des Hämoglobins)
- Ammoniak (Abbauprodukt des Eiweißstoffwechsels)
- Alkohol
- Medikamente

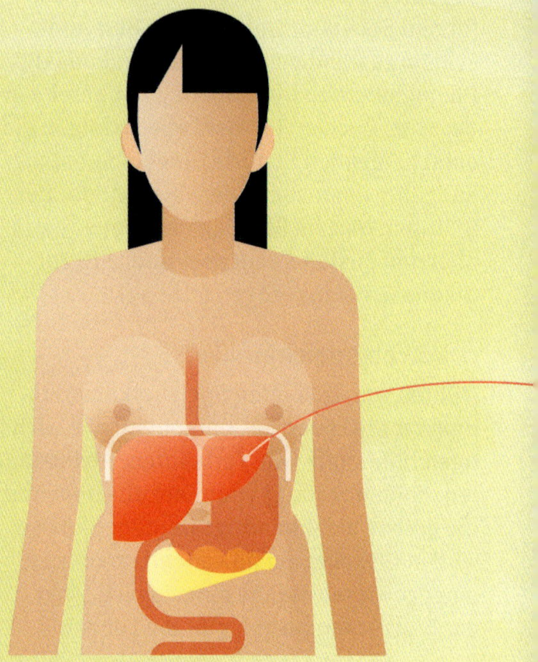

DIE LAGE DER LEBER

Die Leber liegt mit ihrem größeren rechten Lappen im rechten Oberbauch, gleich unterhalb des Zwerchfells. Der kleinere linke Lappen reicht bis in den linken Oberbauch. Ein Großteil der Leber ist von den unteren Rippen bedeckt.

AUFBAU DER LEBER IM DETAIL

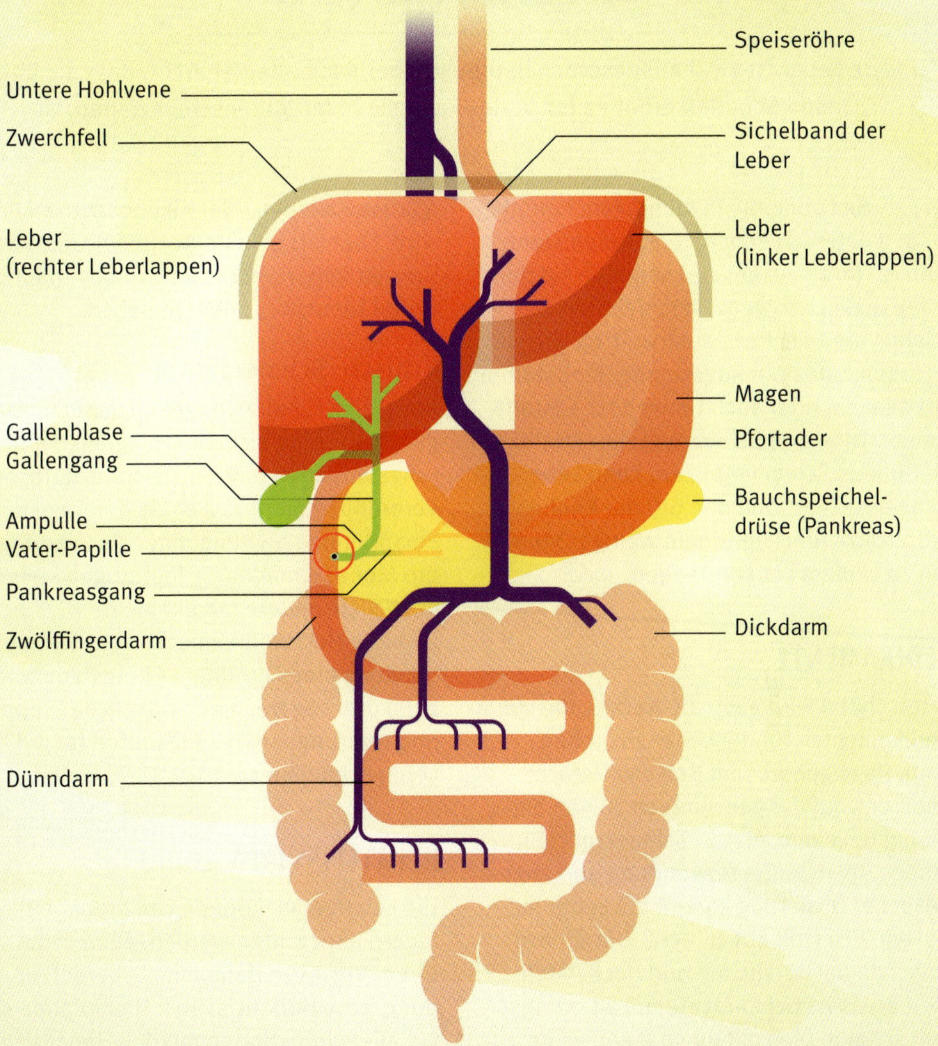

WAS DIE LEBER KRANK MACHEN KANN

Unsere Leber ist zwar ausgesprochen robust, aber das bedeutet nicht, dass sie über jeden Schaden erhaben ist. Vieles kann sie in Mitleidenschaft ziehen.

Gerade die Leber, die in ständigem Kontakt mit den unterschiedlichsten Stoffen steht, kann Faktoren ausgesetzt sein, die sie belasten und schädigen. Dazu gehören zum Beispiel organische Lösungsmittel, wie sie in Farben, Spezialreinigern oder Klebstoffen vorkommen, oder auch Umweltschadstoffe wie Pestizide und Schwermetalle. Aflatoxin, ein Gift aus Schimmelpilzen, kann Leberkrebs auslösen. Und das Gift der Knollenblätterpilze führt innerhalb weniger Stunden zu akutem Leberversagen.

MEDIKAMENTE

Unterschätzt wird auch die Gefahr, die von Medikamenten für die Leber ausgehen kann. Dazu gehört zum Beispiel Paracetamol, das auf der ganzen Welt zu den am häufigsten eingesetzten Schmerzmitteln gehört. Bei richtiger Anwendung und angemessener Dosierung kommt die Leber mit diesem Wirkstoff gut zurecht. Die Grenze zwischen der nützlichen und der schädlichen Dosis ist bei Paracetamol allerdings sehr schmal. Dies gilt umso mehr, wenn regelmäßig andere Medikamente eingenommen werden oder Alkohol getrunken wird. Fakt ist: Eine Paracetamol-Überdosierung ist in der westlichen Welt der häufigste Grund für akutes Leberversagen.

Kritisch: Schmerzmittel

Aber auch für alle anderen Schmerzmittel gilt: Man sollte sich unbedingt an die Dosierungsvorgaben halten, sie ohne ärztliche Verordnung nicht länger als drei Tage hintereinander und nicht häufiger als zehn Tage pro Monat einnehmen. Im Übrigen können auch viele andere Medikamente wie bestimmte Herzmedikamente oder Statine (zur Senkung eines erhöhten Cholesterinspiegels) und sogar einige pflanzliche Präparate und Nahrungsergänzungsmittel für die Leber schädlich sein.

HEPATITISVIREN

Die Leberzellen können von Krankheitserregern angegriffen werden, allen voran von Viren. Sie lösen dann eine Leberentzündung, eine Hepatitis, aus. Hierzulande sind vor allem Infektionen mit den Hepatitisviren A, B, C und D bedeutsam; Hepatitis B gehört sogar zu den häufigsten Infektionskrankheiten weltweit. Dabei werden die Leberzellen entweder direkt zerstört oder sie setzen eine heftige Immunreaktion des Organismus in Gang, die schließlich den Untergang der Leberzellen zur Folge hat.

Verschiedene Verlaufsformen

Je nach Virustyp erfolgt eine Ansteckung über unterschiedliche Übertragungswege, etwa über infiziertes Blut (Hepatitis B, C und D), durch ungeschützten Sexualkontakt (Hepatitis B) oder auch durch verunreinigtes Trinkwasser und kontaminierte Nahrungsmittel (Hepatitis A). Während die Formen Hepatitis A und E nach vier bis acht Wochen häufig von selbst ausheilen, kommt es bei Hepatitis B, C und D oft zu einem chronischen Verlauf. In diesem Fall ist das Risiko für eine Leberzirrhose (s. S. 21) und damit auch für Leberkrebs erhöht. Gegen Hepatitis A und B existiert eine Schutzimpfung.

IMMUNSYSTEM

Manchmal entsteht ein irreparabler Leberschaden auch durch Auslöser, die im Körper selbst liegen. Beispielsweise werden bei der Autoimmun-Hepatitis die Leberzellen von den körpereigenen Abwehrzellen angegriffen und lösen eine Leberentzündung aus. Die Erkrankung nimmt meist einen chronischen Verlauf. Dabei kann das Lebergewebe durch die starken Entzündungsreaktionen vernarben und so in eine Leberzirrhose münden.

FALSCHE ERNÄHRUNG

Zum Feind für unsere Leber können aber auch wir selbst werden – und dies kommt hierzulande immer häufiger vor. Es ist leider nämlich möglich, einen Ernährungs- und Lebensstil zu pflegen, der aus einer gesunden Leber eine verfettete und damit eine kranke Leber macht. Glücklicherweise haben wir die Möglichkeit, gegenzusteuern – zumindest, wenn wir rechtzeitig damit beginnen: Ändern wir unser leberfeindliches Verhalten, kann sich unsere Leber wieder vollständig regenerieren.

FETTLEBER – WIE SIE ENTSTEHT

Die Fettleber ist zu einer Volkskrankheit geworden. Dabei können die eingelagerten Fette auch im Rest des Körpers Kettenreaktionen auslösen und Unheil anrichten.

Hierzulande hat jeder vierte Erwachsene über 40 Jahre eine Fettleber. In der Altersgruppe der über 70-Jährigen ist sogar jeder Dritte betroffen – oft, ohne es zu wissen. Damit ist die Steatosis hepatis, wie die Mediziner das Krankheitsbild nennen, in Deutschland die häufigste diagnostizierte Ursache einer chronischen Lebererkrankung. Sogar die Leber von Kindern kann gefährdet sein: Jedes dritte übergewichtige Kind erhält die Diagnose »Fettleber«.

STOFFWECHSELERKRANKUNG

Eine Fettleber ist eine chronische Stoffwechselerkrankung, und sie ist deshalb immer auch der Startschuss für eine gesundheitliche Schieflage, die den ganzen Organismus betrifft. Denn nun kann die Leber ihren wichtigen Aufgaben nicht mehr so präzise wie sonst nachkommen. Auf Dauer können dadurch viele Prozesse im Körper empfindlich gestört werden. Zudem kann die Leber selbst irreparablen Schaden nehmen – denn aus einer symptomlosen Fettleber kann eine manifeste Entzündung der Leber werden. Jetzt ist die Gefahr groß, dass das Lebergewebe vernarbt und schrumpft – ein Zustand, der nicht mehr umkehrbar ist.

Zu viele Kalorien, zu viel Alkohol

Vor allem zwei Faktoren begünstigen die Entstehung einer Fettleber: eine fett- und kohlenhydratreiche Ernährung, die dem Körper mehr Energie liefert, als dieser benötigt, und regelmäßiger Alkoholgenuss. Dementsprechend unterscheiden Mediziner zwischen einer nicht-alkoholischen Fettleber (NAFL) und einer alkoholischen Fettleber (AFL). Viele Fettleberpatienten sind zudem von mindestens einer weiteren »Volkskrankheit« betroffen – allen voran von (bauchbetontem) Übergewicht, einer Fettstoffwechselstörung, einem Typ-2-Diabetes und / oder von Bluthochdruck; oft liegt ein metabolisches Syndrom (s. S. 26) vor.

Speichern als Notlösung

Allen Erkrankungen gemeinsam ist, dass sie in einem direkten Zusammenhang mit unserem Wohlstands-Lebensstil stehen: Wir essen mehr, als unser Körper benötigt, und wir bewegen uns zu wenig, um überschüssige Energiereserven sinnvoll zu verwerten. Diesen Energieüberschuss »bunkert« der Organismus in den Zellen seines Fettgewebes. Auf Dauer bleibt dies nicht ohne Folgen für unser Gewicht – und für die Gesundheit.

NICHT-ALKOHOLISCHE FETTLEBER

Bei einem permanenten Überangebot an Fetten kommt der Punkt, an dem die Fettzellen des Körpers an ihre Kapazitätsgrenze geraten. Die Folge: Der Körper verlagert das überschüssige Fett woandershin – und da bietet sich die Leber als vielfach erprobtes (Fett-)Speicherorgan in besonderem Maße an. Aber auch zu viele ungenutzte Kohlenhydrate wandern in die Leber, wo sie zu Glukose umgewandelt werden. Bleibt der Bedarf des Organismus an Glukose unterhalb der Menge, die die Leber eigentlich zur Verfügung stellen könnte, wandelt sie den Überschuss ebenfalls kurzerhand zu Triglyzeriden (Neutralfetten) um. Deshalb ist nicht nur eine fettreiche, sondern auch eine kohlenhydratreiche Ernährung ein bedeutsamer Risikofaktor für eine nicht-alkoholische Fettleber.

Gelangen mehr Fette in die Leber als abgebaut oder abtransportiert werden können, geraten die Leberzellen unter Stress und fahren ihre Stoffwechseltätigkeit zurück. Dazu gehört auch, wie Forscher herausgefunden haben, dass sie die Produktion

eines wichtigen Regulationsproteins (Coaktivator TBL1) drosseln. Dies hat jedoch den Effekt, dass die Leber noch weniger Fett verbrennt und stattdessen noch mehr Fettmoleküle einlagert – ein Teufelskreis, der über kurz oder lang direkt in die nichtalkoholische Fettleber führt.
Und noch einen weiteren Teufelskreis haben die Mediziner ausgemacht: Eine Fettleber fördert einen Typ-2-Diabetes (Zuckerkrankheit) und ein Typ-2-Diabetes verursacht eine Fettleber (s. S. 26).

Weitere Ursachen

Auch bei einer Unterernährung, etwa infolge einer Magersucht, kann eine Fettleber entstehen. Der Grund: Es können nicht mehr genug Eiweiße hergestellt werden, die für den Transport der Fette aus der Leber benötigt werden. Diese Form wird dann Mangelfettleber genannt. Ebenso kann ein rascher, ausgeprägter Gewichtsverlust infolge einer einseitigen Diät oder strenges Fasten eine Mangelfettleber zur Folge haben.
In sehr seltenen Fällen liegt der Bildung einer Fettleber eine schwere Ursprungserkrankung zugrunde. Dazu gehört zum Beispiel die Kupffer-Speicherkrankheit oder eine Erbkrankheit, bei der das nicht abgebaute Fett aufgrund eines Mangels an dem Enzym Lysosomale Saure Lipase in der Leber eingelagert wird. Ebenso kann die Einnahme von bestimmten Medikamenten (etwa von Cortison oder Tetrazyclinen) oder eine Chemotherapie eine Verfettung der Leber hervorrufen.

ALKOHOLISCHE FETTLEBER

Nicht nur eine Überernährung, sondern auch der Konsum von Alkohol erhöht den Fettgehalt des Körpers und kann so aus der Leber eine Fettleber machen. Tatsächlich geht die Hälfte der registrierten Fettleberfälle auf regelmäßigen Alkoholgenuss zurück. Dazu müssen Sie wissen: Alkohol ist ein Zellgift. Deshalb ist es immer das Ziel der Leber, den Alkohol als erstes und so rasch wie möglich abzubauen – auch, wenn dabei andere Aufgaben vernachlässigt werden müssen, allen voran der Abbau von Fetten. Schon allein deshalb kann es bei Alkoholmissbrauch dazu kommen, dass sich in der Leber immer mehr Fett anlagert.

Alkohol ist Zellgift

Hinzu kommt: Die Zwischenprodukte bzw. Abbauprodukte von Alkohol (Acetaldehyd und Acetat) können die Leberzellen direkt schädigen. Insbesondere, wenn über einen längeren Zeitraum regelmäßig Alkohol getrunken wird, ist die Gefahr groß, dass die Leber ihre normalen Aufgaben irgendwann nicht mehr in vollem Umfang erfüllen kann. Das ist der zweite Grund, warum das Fett buchstäblich liegen bleibt und sich in den Leberzellen anlagert – eine alkoholische Fettleber ist entstanden. Die möglichen Komplikationen entsprechen denen der nicht-alkoholischen Fettleber – vor allem Entzündungen bis hin zur nicht mehr rückbildungsfähigen Leberzirrhose.

NICHT MEHR ALS 20 GRAMM ALKOHOL PRO TAG

Laut Weltgesundheitsorganisation WHO ist Alkohol jährlich bei 1,8 Millionen Todesfällen im Spiel – und sie sieht die kritische Grenze bei mehr als 20 Gramm Alkohol pro Tag. Hierzulande lautet jedoch die allgemeine Empfehlung: Frauen sollten täglich nicht mehr als 20 Gramm und Männer nicht mehr als 30 Gramm Alkohol trinken. Zur Orientierung: 10 Gramm Alkohol entsprechen etwa 250 Milliliter Bier oder 125 Milliliter Wein.

VERSCHIEDENE STADIEN

Normalerweise enthält unsere Leber nur ganz wenig Fett – weniger als fünf Prozent. Lautet die Diagnose »Fettleber«, sind bereits mehr als 50 Prozent der Leberzellen durch Einlagerung vor allem von Triglyzeriden verfettet. Die Leber hat deutlich an Größe und Gewicht zugenommen – im Extremfall ist sie doppelt so schwer wie eine gesunde Leber. Die Fettbläschen (Fettvakuolen) innerhalb der Zellen sind unter dem Mikroskop sogar sichtbar. Auch die Farbe der Leber hat sich verändert: Aus der rotbraunen ist eine »fettig-gelbe« Farbe geworden.

Fortgeschritten: Fettleberentzündung

Hat sich eine Fettleber entwickelt, muss einer von fünf Betroffenen damit rechnen, dass sich über kurz oder lang eine Entzündung, eine Fettleberhepatitis, entwickelt. Das Krankheitsbild wird in der medizinischen Fachsprache auch Steatohepatitis oder NASH (englische Abkürzung für nonalcoholic steatohepatitis) genannt. Immerhin: Sogar in diesem Stadium könnte man der Leber mit einer konsequenten Ernährungsumstellung dazu verhelfen, dass die Entzündung abklingt und sie wieder zu alter Form zurückfindet.

Endstadium: Leberzirrhose

Bleibt eine Änderung hin zu einer lebergesunden Lebensweise aber aus, können die fortschreitenden entzündlichen Veränderungen für die Leber allerdings verheerend

LEBERZIRRHOSE UND LEBERKREBS GEWINNEN AN BEDEUTUNG

Früher gehörte Leberkrebs zu den seltenen Krebserkrankungen. Heute erkranken jedoch allein in Deutschland mehr als 9 000 Menschen jedes Jahr neu daran. Damit hat sich die Zahl der Neuerkrankungen in den letzten 35 Jahren weltweit verdoppelt. Der Grund: Die Leberzirrhose, der Hauptrisikofaktor für Leberkrebs, hat in den letzten Jahren erheblich an Bedeutung gewonnen. Lange Zeit waren Alkoholmissbrauch und eine (chronische) Hepatitis die wichtigsten Ursachen für eine Leberzirrhose. Inzwischen ist immer häufiger auch eine Fettleber verantwortlich – zumindest in den westlichen Industrieländern. In den USA ist die nichtalkoholische Fettleber bereits die häufigste Indikation für eine Lebertransplantation. Bei einer Kombination Leberzirrhose / Leberkrebs ist eine operative Entfernung des Tumors oft nicht mehr möglich: Weil kaum noch funktionsfähiges Lebergewebe vorhanden ist, hat die Leber keine Reserven mehr, sodass schon die Narkose zu einem völligen Leberversagen führen kann.

sein: Zellen werden geschädigt und zerstört, und das Lebergewebe wird zu funktionslosem Bindegewebe (Fibrose) umgebaut – und irgendwann ist der Zustand dann nicht mehr reversibel. Je mehr Bindegewebe gesundes Lebergewebe verdrängt, desto größer ist der Schaden: Die Leber verhärtet, sie vernarbt und schrumpft – es ist eine Leberzirrhose entstanden.

Gefahr einer Leberkrebserkrankung

In diesem Stadium wird auch die Funktion der Leber immer mehr beeinträchtigt – bis hin zu einer nachlassenden Entgiftungsfunktion oder der verminderten Bildung von Eiweißen und Blutgerinnungsfaktoren. Häufig kommt es begleitend zu einem chronisch erhöhten Druck in der Pfortader (portale Hypertonie), der weitere schwere Komplikationen nach sich ziehen kann. Und: Nun steigt auch das Risiko deutlich an, an Leberkrebs zu erkranken (s. Kasten).

Lange Zeit keine Symptome

Zum Wesen unserer Leber gehört, dass sie ein ausgesprochen geduldiges Organ ist. Tatsächlich begehrt unser wichtigstes Stoffwechselorgan auch dann noch nicht auf, wenn es ihm schon längst nicht mehr gut geht. Stattdessen leidet die Leber stumm: Sie besitzt keine Nervenfasern für die Schmerzempfindung, sodass sie auch keine Schmerzreize aussenden kann; das kann nur die Bindegewebskapsel, die sie umgibt. Einziges Signal einer beginnenden Lebererkrankung ist oft ein eher unspezifisches

Symptom: Man fühlt sich abgeschlagen und schlapp. Deshalb heißt ein oft zitierter Spruch auch: »Die Müdigkeit ist der Schmerz der Leber«. Rasche Ermüdbarkeit oder ständige Müdigkeit beeinträchtigen zwar erheblich die Lebensqualität, doch sie halten uns in der Regel nicht wirklich davon ab, unseren täglichen Pflichten nachzukommen. Daher werden Lebererkrankungen oft erst spät, manchmal zu spät erkannt. Hormonelle Störungen, Gelbsucht und Blutungsneigung zeigen sich erst in einem späteren Krankheitsstadium.

Fernwirkung durch eine kranke Leber

Manchmal rufen Störungen der Leber auch Veränderungen und sogar Erkrankungen an anderen Organen hervor. Verdauungsprobleme, Veränderungen des Blutbilds oder auch eine verminderte Knochendichte (Osteoporose) können Begleiterscheinungen einer fortschreitenden Schädigung der Leber sein. In gleicher Weise ist es möglich, dass Schilddrüse, Nebennierenrinde, Gelenke oder Haut in Mitleidenschaft gezogen sind, sobald die Leber über einen längeren Zeitraum überlastet ist.

WIE WIRD EINE FETTLEBER FESTGESTELLT?

Weil die Leber ein stilles Organ ist, spürt man eine Fettleber lange Zeit nicht – egal, ob sie durch ein Überangebot an Fett oder Alkohol entstanden ist.

Es ist eher selten, dass Leberbeschwerden den entscheidenden Hinweis auf eine Fettleber liefern. Denn erst, wenn die Leber infolge der Fetteinlagerungen deutlich vergrößert ist, kann es sein, dass sich die Leberkapsel durch Druckschmerzen meldet oder man sich müde und schlapp fühlt.
Anders ist das bei einer schweren Leberentzündung: In diesem Fall können sich eine Gelbsucht und andere Symptome einer Hepatitis entwickeln.
Meist wird eine Fettleber zufällig im Rahmen einer Routineuntersuchung festgestellt: Die Leberwerte sind erhöht, im Ultraschall – der wichtigsten Untersuchung zum Nachweis einer Fettleber – zeigt sich eine vergrößerte Leber. Oder der Fatty Liver Index lässt darauf schließen, dass die Leber ein Problem mit eingelagerten Fetten hat.

NICHT IMMER EINDEUTIG

Aber es kommt auch vor, dass sich eine Fettleber erst einmal nicht eindeutig feststellen lässt. Oft sind die Leberwerte zumindest bei einer unkomplizierten Fettleber, die keine Beschwerden hervorruft, zunächst unauffällig. Und auch bei der Ultraschalluntersuchung, der zweiten diagnostischen Standarduntersuchung zum Nachweis einer Fettleber, kann es sein, dass sie – vor allem zu Beginn der Erkrankung – noch kein klares Bild vom Zustand der Leber liefert. Erst in einem fortgeschritteneren Stadium zeigt sich eine verfettete Leber im Ultraschall: Die Leber ist vergrößert, heller und glatter; außerdem sind ihre Ränder charakteristisch verändert. In diesem Stadium sind häufig auch die Leberenzyme GGT, GOT und GPT erhöht – dies gilt vor allem dann, wenn bereits eine Fettleberhepatitis besteht.

Der Fatty Liver Index

Allerdings: Erhöhte Leberenzyme und ein auffälliger Ultraschallbefund kommen auch bei anderen Lebererkrankungen vor. Deshalb wenden die Ärzte immer häufiger den sogenannten Fatty Liver Index (FLI) an, mit dem sich eine Fettleber in einem sehr frühen Stadium erkennen lässt. Der FLI berechnet aus den Werten von BMI (s. S. 28), Taillenumfang (s. S. 27) und Triglyzerid- und Gamma-GT-Werten (s. S. 25) im Blut die Wahrscheinlichkeit, mit der eine Fettleber

DIE WICHTIGSTEN LEBERWERTE

Wenn der Arzt Ihre Leberwerte überprüft, kontrolliert er fünf Blutwerte. Ist einer oder sind mehrere erhöht, kann eine Funktionsstörung oder Erkrankung der Leber vorliegen.

LEBERWERT	FUNKTION	NORMALWERT FRAUEN	NORMALWERT MÄNNER	VORAUSSETZUNG FÜR ERHÖHTE WERTE
ALAT Alanin-Amino-transferase, auch Glutamat-Pyruvat-Trans-aminase (GPT)	Beteiligung am Eiweißabbau der Leber	bis 35 U / l	bis 50 U / l	akute oder chronische Lebererkrankung; Schädigung der Leber (z. B. durch Alkohol-konsum)
AST Aspartat-Amino-transferase, auch Glutamat-Oxalacetat-Trans-aminase (GOT)	Beteiligung am Eiweißabbau der Leber	bis 35 U / l	bis 50 U / l	akute oder chronische Lebererkrankung; Schädigung der Leber (z. B. durch Alkohol-konsum)
Gamma-GT Gamma-Glutamyl-transferase (GGT)	unter anderem Schutz der Zell-hüllen vor oxida-tiver Zerstörung	bis 39 U / l	bis 66 U / l	z. B. akute oder chro-nische Virushepatitis; akute Alkoholhepati-tis; Fettleber
AP Alkalische Phos-phatase	unter anderem Freisetzung von Phosphaten aus Verbindungen mit anderen Sub-stanzen bei alka-lischem pH-Wert des Bluts	bis 35–105 U / l	bis 40–130 U / l	Gallenwegserkran-kung; Gallenstau; Virushepatitis
T-BIL Gesamt-Bilirubin	Abbauprodukt vor allem des roten Blutfarb-stoffs	bis 1,2 mg / dl	bis 1,2 mg / dl	Leberentzündung, Leberzirrhose; Fett-leber; Verlegung des Gallengangs

vorliegt. Bei einem FLI-Wert über 60 beträgt die Wahrscheinlichkeit für eine Fettleber bereits 80 Prozent. Je näher der Wert an 100 reicht, umso wahrscheinlicher ist das Vorliegen einer Fettleber. FLI-Werte unter 30 schließen eine Fettleber dagegen weitgehend aus. Der Wert lässt sich mit speziellen FLI-Rechnern im Internet bestimmen oder man wendet sich an seinen Hausarzt.

EINE FETTLEBER KOMMT SELTEN ALLEIN

Eine Fettleber ist in vielerlei Hinsicht tückisch – auch für Menschen, die mit einer verfetteten Leber leben, ohne sich dadurch beeinträchtigt zu fühlen. Der Grund liegt auf der Hand: Ihre Abläufe sind so eng mit den verschiedenen Vorgängen im Körper verbunden, dass es durch Störungen der Leber zu krankhaften Veränderungen an anderen Organen kommen kann. Und weil die Leber unser zentrales Stoffwechselorgan ist, ist immer auch der reibungslose Ablauf von Stoffwechselprozessen bedroht, wenn in der Leber etwas nicht stimmt. Umgekehrt kann eine Stoffwechselstörung negative Auswirkungen auf die Leber haben. Dies gilt umso mehr, wenn gleich mehrere Systeme des Körpers betroffen sind – also wenn ein metabolisches Syndrom vorliegt.

INSULINRESISTENZ

Eine Insulinresistenz birgt die große Gefahr, dass sich ein manifester Typ-2-Diabetes entwickelt. Wichtigstes Kennzeichen ist, dass die Zuckerkonzentrationen im Blut anhaltend zu hoch sind und behandelt werden müssen. Für Nerven, Gefäße und Organe wie beispielsweise die Nieren bedeutet ein chronisch erhöhter Blutzuckerspiegel nichts Gutes, denn sie können irreparabel geschädigt werden. Auch die Leber leidet mit, denn nun lagert sich noch mehr Fett bei ihr ein.

Das metabolische Syndrom

Zum metabolischen Syndrom (metabolisch = stoffwechselbedingt, Syndrom = Symptomkomplex) gehören folgende Wohlstandsleiden: bauchbetontes Übergewicht, Störungen des Zucker- und Fettstoffwechsels und Bluthochdruck. Jeder dieser Faktoren allein begünstigt die Entstehung eines metabolischen Syndroms. Und sie verstärken ihre Wirkung untereinander, wenn sie gemeinsam auftreten. Deshalb wird das metabolische Syndrom auch als »tödliches Quartett« bezeichnet. Einige internationale medizinische Fachgesellschaften zählen auch die Fettleber dazu. Denn fast alle Menschen, bei denen ein metabolisches Syndrom diagnostiziert wurde, leiden gleichzeitig auch unter einer Fettleber.

Liegt ein metabolisches Syndrom vor, wird die Leber gleich von verschiedenen Seiten unter Druck gesetzt – so etwa von frei zirkulierenden Fettsäuren im Blut (Fettstoffwechselstörung!), die nicht mehr in die überfüllten Fettzellen des Bauchfetts passen (bauchbetontes Übergewicht!), aber auch von einer verringerten Empfindlichkeit der Leber- und Muskelzellen gegenüber dem »Blutzuckerhormon« Insulin. Das heißt, die Zellen sprechen schlechter auf Insulin an, sodass sie die für ihre Energiegewinnung notwendigen Zuckermoleküle kaum mehr aufnehmen können – sie sind gegenüber dem Insulin resistent geworden (s. S. 26).

Risikofaktor Bauchfett

Es müssen nicht alle Merkmale eines metabolischen Syndroms vorliegen, damit sich eine Fettleber entwickelt. Aber ein Faktor spielt fast immer eine Rolle: Bei neun von zehn Erwachsenen mit einem Body-Mass-Index (BMI) von über 30 lässt sich auch eine Fettleber nachweisen. Dass auch schlanke Menschen betroffen sind, ist selten (aber möglich). Und: Auffallend oft haben sich bei den Betroffenen an Bauch und Taille besonders viele Fettpolster angesammelt. Diese Fettverteilungsform wird »Apfeltyp« genannt. Bei ihm muss man davon ausgehen, dass sich auch in der Tiefe, zwischen den Organen, viel Fett angesammelt hat.

Das Problem: Das Bauchfett – oder Viszeralfett – verhält sich wie ein eigenständiges Organ, das unter anderem zahlreiche Hormone und entzündungsfördernde Botenstoffe produziert. Auf diese Weise kann es aktiv auf Stoffwechselprozesse Einfluss nehmen und eine Reihe von Entzündungsprozessen in Gang setzen. Sind die Gefäße betroffen, wird der Entstehung einer Arteriosklerose und damit Herz-Kreislauf-Erkrankungen Vorschub geleistet. Andere Substanzen wirken sich ungünstig auf die Blutgerinnung und den Blutdruck aus. Der hohe Umsatz an Fettsäuren stört auch den Insulinstoffwechsel und fördert so eine Insulinresistenz – kurzum: Alles hängt mit allem zusammen.

Der »Birnentyp«, bei dem sich die Fettdepots, die sich vor allem an Po, Hüften und Oberschenkeln gebildet haben, birgt nach derzeitigem Forschungsstand weniger Gesundheitsrisiken als der »Apfeltyp«: Hier hat sich das Fett in der Unterhaut (subkutanes Fett) eingelagert, ohne ein stoffwechselaktives Eigenleben zu entwickeln. Gleichwohl raten die Ärzte auch in diesem Fall zu einer Gewichtsreduktion, wenn der BMI Übergewicht anzeigt.

Taillenumfang beachten

Einen Rückschluss auf den Anteil des bedenklichen Bauchfetts liefert die Waist-to-Height-Ratio (s. S. 29). Sie geht vom Taillenumfang aus, der ebenfalls aussagekräftig ist: Laut der Deutschen Adipositas-Gesellschaft ist das Risiko bereits erhöht, wenn der Taillenumfang bei Frauen über 80, bei Männern über 88 Zentimeter liegt. Gemäß der Deutschen Gesellschaft für Kardiologie – Herz- und Kreislaufforschung e. V. geht ein Taillenumfang von über 94 bei Männern bzw. von über 80 Zentimeter bei Frauen mit einem erhöhten Risiko einher.

ÜBERGEWICHT BERECHNEN

Der Body-Mass-Index, abgekürzt BMI, ist eine Messgröße, die zur Beurteilung des Körpergewichts herangezogen wird und das Verhältnis von Körpergewicht zur Körpergröße angibt. Inzwischen interessieren sich die Ärzte nicht nur für den BMI, sondern auch für den Waist-to-Height-Ratio (WHtR), der Auskunft über den Bauch- bzw. Taillenumfang gibt.

BODY-MASS-INDEX (BMI)

Der Body-Mass-Index wird wie folgt berechnet: BMI = Körpergewicht (in Kilogramm) dividiert durch das Quadrat der Körpergröße (in Metern).

$$kg : m^2 = BMI$$

Für eine 1,70 Meter große und 65 Kilo schwere, 39-jährige Frau beträgt der BMI also:

1,7 x 1,7 = 2,89

$$65 : 2{,}89 = 22{,}5$$

Ab einem Wert von 25 sprechen die Mediziner von Übergewicht, ab einem BMI von 30 von starkem Übergewicht (Adipositas).

WAIST-TO-HEIGHT-RATIO (WHtR)

Dahinter steht die Erkenntnis, dass viele Fettdepots im Bauchraum (viszerales Fett) die Gesundheit gefährden – selbst dann, wenn Normalgewicht besteht.

Ermittelt wird die WHtR (das „Taille-zu Körpergröße-Verhältnis"), indem der Taillenumfang mit dem Maßband auf Bauchnabelhöhe gemessen wird. Dieser Wert wird dann durch die Körpergröße (in Zentimetern) geteilt.

cm : cm = WHtR

WHtR-Beispielrechnung:

85 : 170 = 0,5

20- BIS 40-JÄHRIGE	40- BIS 50-JÄHRIGE	50 JAHRE UND ÄLTER
‹ 0,40 Untergewicht 0,40 – 0,50 Normalgewicht 0,51 – 0,56 Übergewicht 0,57 – 0,68 Fettleibigkeit › 0,68 schwere Fettleibigkeit	Für jedes zusätzliche Lebensjahr addieren Sie 0,01 Punkte dazu.	‹ 0,40 Untergewicht 0,40 – 0,60 Normalgewicht 0,61 – 0,66 Übergewicht 0,67 – 0,78 Fettleibigkeit › 0,78 schwere Fettleibigkeit

FETT IN DER LEBER DURCH FALSCHE ERNÄHRUNG

Wenn Sie Ihre Leber von überschüssigem Fett befreien möchten, sollten Sie Ihre Essgewohnheiten prüfen. Wie sieht aber eine leberfeindliche Ernährung aus?

Dass Fastfood wie Pizza, Pommes und Döner oder Essen aus der Konservendose nicht gesund sind, ist Ihnen bestimmt bekannt. Aber ist Ihnen bewusst, dass auch eine Ernährung jenseits von Burger-Ketten und Imbissbuden ihre Tücken für die Leber haben kann? Hier ein Überblick über die beiden Nährstoffe, die ganz besonders im Fokus stehen, wenn es um die Gesundheit der Leber geht – und die Sie deshalb künftig mit Bedacht zuführen sollten.

VERSTECKTE FETTE

Ganz ohne Fett geht es nicht. Denn Nahrungsfette versorgen den Körper mit lebenswichtiger Energie und sie enthalten zudem unverzichtbare Vitamine und Fettsäuren. Fakt ist jedoch: Wir Bürger der westlichen Industriestaaten neigen dazu, tagtäglich mehr an Fetten aufzunehmen als unser Körper benötigt – das ist uns häufig gar nicht so bewusst. Oft handelt es sich dabei auch noch um die »falschen« Fette (s. S. 36). Versteckte Fette, wie sie in industriell hergestellten Fertiggerichten, aber auch in fettreichen Fleisch-, Wurst oder Käsesorten enthalten sind, muss die Leber genauso verstoffwechseln wie die Fette, die wir bewusst essen. Das kann sie auf Dauer überfordern. Sie beginnt, Fette einzulagern – eine Fettleber entsteht.

EINFACHE KOHLENHYDRATE

Auch Kohlenhydrate sind Energielieferanten und daher für den Körper ebenfalls unverzichtbar. Wichtig ist jedoch die Art der Kohlenhydrate. Vor allem industriell verarbeitete Kohlenhydrate wie Haushaltszucker, Weißmehl, weißer Reis, Cornflakes oder weiterverarbeitete Kartoffeln bestehen überwiegend aus einfachen (kurzkettigen) Kohlenhydraten. Sie sorgen dafür, dass der Blutzuckerspiegel nach dem Essen in die Höhe schnellt. Das wiederum ruft das »Blutzuckerhormon« Insulin auf den Plan – und dies wirkt sich auch auf die Fettverwertung aus. Denn während der Insulinausschüttung wird kein Fett verbrannt, sondern Fett aus Zucker aufgebaut. Also wandert es in die Fettdepots an Bauch, Po und Hüfte – und, wenn das Überangebot zu groß ist, schließlich auch in die Leber.

Fruktose: besonders ungesund

Fruchtzucker (Fruktose) lässt an Früchte denken. Und Früchte gehören zu unseren gesündesten Nahrungsmitteln. Deshalb wurde Fruktose lange Zeit zum Süßen diätetischer Lebensmittel empfohlen – ein Irrtum wie die moderne Ernährungswissenschaft inzwischen weiß. Fruchtzucker ist nämlich nicht gleich Fruchtzucker. Tatsächlich ist es für unseren Organismus entscheidend, ob er ihn in Form einer Frucht oder als Bestandteil eines Fertiggerichts oder einer Limonade geliefert bekommt. Anders gesagt: Der Fruchtzucker in Obst ist kein Problem, der Fruchtzucker als industrieller Zusatzstoff dagegen schon.

Fruktose ist wie Glukose ein Einfachzucker (Monosaccharid). Doch besitzt Fruktose eine deutlich höhere Süßkraft, außerdem lässt sie sich preiswert aus Maisstärke herstellen. Deshalb wird sie in der Lebensmittelindustrie auch so gern zum Süßen benutzt. Fruktose und Glukose liefern die gleiche Energiemenge, werden aber unterschiedlich abgebaut. Zwar verfügt die Leber über ein bestimmtes Enzym, mit dem sie Fruktose in Glukose umwandeln kann. Dies klappt jedoch nur, wenn nicht zu viel Fruktose zur Bearbeitung vorliegt. Überschreitet das Angebot eine bestimmte Menge, gerät die Umwandlung ins Stocken. Und die Fruktose wird in der Leber am Ende zu Fettsäuren verstoffwechselt, die in Fettdepots landen. So wird nicht nur der Verfettung der Leber Vorschub geleistet, sondern auch der Anteil des Körperfetts steigt.

Hier ist Fruktose zugesetzt

Synthetische Fruktose ist enthalten in Obstkonserven, Obstkompott und -säften, Limonaden, Fertig-Eistee und anderen Softdrinks, aber auch oft in Honig, Birnendicksaft, Apfelkraut, Agavendicksaft, Marmelade, Gelee, Speiseeis, Invert- und Haushaltszucker, Müsliriegel oder Fruchtjoghurt – diese Lebensmittel sollten Sie Ihrer Leber zuliebe künftig auf ein Minimum beschränken. Die Lebensmittel sind heute oft damit gesüßt, weil Fruktose doppelt so süß wie reine Glukose ist. Neben reiner Fruktose kommen auch Mischungen wie Fruktose, Maissirup oder High-Fructose-Corn-Syrup zum Einsatz – beachten Sie die Zutatenliste! Ein weiterer Grund für ihre Beliebtheit bei der Industrie: Fruktose ist preisgünstiger in der Herstellung als Haushaltszucker und wirkt als Geschmacksverstärker.

DIE ANTI-FETTLEBER-STRATEGIE

Die gute Nachricht: Sie selbst können Ihrer Leber wieder zur vollständigen Heilung verhelfen. Hierfür ist allerdings Eigeninitiative gefragt.

Anders als eine Leberzirrhose oder eine ausgeprägte Fettleberentzündung, die mit irreparablen Schäden des Lebergewebes verbunden ist, kann sich eine Fettleber vollständig zurückbilden. Und das ist gar nicht so schwer: Wenn Sie die Gebote einer lebergesunden Ernährungs- und Lebensweise beherzigen, stehen die Chancen für eine Heilung sehr gut. Die Leber kann sich erholen und regenerieren. Die wichtigsten Maßnahmen sind: konsequent Übergewicht abbauen, auf Alkohol, Nikotin und, wenn möglich, auf leberbelastende Medikamente verzichten, sich regelmäßig bewegen, sich lebergesund ernähren – und dies am besten für den Rest Ihres Lebens.

LEBERSCHUTZ DURCH BITTERSTOFFE

Schon seit dem Altertum wenden Heilkundige auf der ganzen Welt Heilpflanzen an, um die Leber zu entlasten und zu schützen. Dabei haben sich vor allem die bitter schmeckenden Pflanzen als »Leberpflanzen« erwiesen. Das liegt an ihren Bitterstoffen: sekundären Pflanzenstoffen, mit denen sich die Pflanzen vor Fressfeinden schützen. Für uns Menschen sind bitterstoffhaltige Pflanzen eine wunderbare Verdauungshilfe. So kurbeln sie unter anderem die Gallenproduktion an, wodurch das in der Nahrung enthaltene Fett besser verträglich wird. Mindestens ebenso wichtig ist die Schutzwirkung der Bitterstoffe für die Leber: Sie unterstützen die Revitalisierung der Leber, steigern ihre Entgiftungsleistung, fördern die Fettverbrennung und entlasten die Leber zugleich durch ihre Fähigkeit, zu hohe Blutfettwerte zu senken – um nur einige ihrer positiven Eigenschaften zu nennen. Kurzum: Wer seiner Leber etwas Gutes tun möchte, sollte regelmäßig Bitteres auf den Teller bringen.

Artischocken gegen Fettleber

Der Star unter den bitterstoffhaltigen Pflanzen gegen Fettleber ist die Artischocke. Sie vermag sogar die Durchblutung der Leber zu verbessern und dadurch die Zellteilung anzuregen, die für die Entstehung von neuen Leberzellen notwendig ist. So wirkt sie auch der nachlassenden Leistungsfähigkeit entgegen, die oft Folge einer länger bestehenden Fettleber ist.

Bitter und trotzdem schmackhaft

Nicht nur die Artischocken, sondern auch Chicorée, Endiviensalat, Löwenzahn,

Radicchio, Rosenkohl, Brokkoli, Rucola und Küchenkräuter wie Sauerampfer, Liebstöckel, Majoran, Rosmarin, Ingwer und Estragon enthalten gesundheitsfördernde Bitterstoffe. Verwenden Sie die Pflanzen einfach ab und zu als Beilage, bereiten Sie einen Salat damit zu oder würzen Sie Ihre Speisen mit einem bitterstoffhaltigen Kraut.
Pflanzen, in denen ebenfalls sehr viele Bitterstoffe enthalten sind, die sich jedoch eher zur Teezubereitung eignen, sind zum Beispiel Enzian, Wegwarte, Tausendgüldenkraut und Wermut – und, in etwas milderer Form, auch Löwenzahn, Hopfen, Engelwurz und Salbei.
Mit den Früchten der Mariendistel kann ebenfalls ein Lebertee zubereitet werden. Der aus Mariendistelfrüchten gewonnene standardisierte Wirkstoffkomplex Silymarin wird von der Schulmedizin unter anderem dazu genutzt, um das Lebergift des Knollenblätterpilzes oder eine Schwermetallbelastung zu mildern.

GESUNDE GETRÄNKE

Vermeiden Sie süße Getränke und halten Sie sich am besten an zuckerfreie Alternativen wie Mineralwasser, ungesüßte Kräutertees und grünen Tee oder Saftschorlen (Mischungsverhältnis 1:3 Saft zu Wasser). Am besten trinken Sie pro Tag mindestens 2 Liter. Studien zeigen: Auch Kaffee verbessert die Leberwerte – zwei bis drei Tassen Kaffee pro Tag sind lebergesund. Aktuelle Studien belegen, dass nicht nur Koffein, sondern auch die ebenfalls im Kaffee enthaltenen Wirkstoffe Cafestol und Kahweol die Leber aufgrund ihrer antioxidativen Wirkung schützen können.
Eine einfache, aber wirkungsvolle Methode, die therapeutischen Effekte von bitterstoffhaltigen Heilpflanzen zur Entgiftung und Revitalisierung der Leber zu nutzen, sind Teezubereitungen. Besonders bewährt hat sich der Leber-Galle-Tee (s. S. 34f).
Übrigens: Pflanzlich heißt nicht unbedingt harmlos! Sprechen Sie mit Ihrem behandelnden Therapeuten über die Anwendung von pflanzlichen Wirkstoffen zu therapeutischen Zwecken – auch, um mögliche Neben- oder Wechselwirkungen mit anderen Arzneimitteln zu vermeiden.

TEES ZUR UNTERSTÜTZUNG DER LEBER

Mit diesen Teemischungen können Sie die Leber stärken. Die Mischungen lassen sich auch in der Apotheke auf Wunsch zusammenstellen.

LEBER-GALLE-TEE ALS KUR

Er eignet sich auch für eine kurmäßige Anwendung über 4 Wochen, zweimal täglich 1 Tasse (zum Beispiel morgens und abends).

- 20 g Löwenzahnwurzel mit Löwenzahnkraut
- 20 g Mariendistelfrüchte
- 20 g Pfefferminzblätter
- 20 g Javanische Gelbwurz
- 20 g Boldoblätter

2 TL Teemischung mit 150 ml kochend heißem Wasser überbrühen und ca. 10 Minuten zugedeckt ziehen lassen, dann abseihen.

Tipp: Wer auf die bitteren Boldoblätter verzichten möchte oder wegen Gallensteinen verzichten muss, bereitet den Tee nur mit Löwenzahnwurzel, Pfefferminzblättern und Mariendistelfrüchten (jeweils 20 g) zu.

TEEMISCHUNG ZUR VORBEUGUNG VON LEBERLEIDEN

Er stärkt die Leber und hilft, leicht erhöhte Leberwerte zu normalisieren. Trinken Sie dreimal täglich 1 Tasse (morgens, mittags und abends).

- 40 g Mariendistelfrüchte
- 20 g Löwenzahnwurzel mit Löwenzahnkraut
- 20 g Pfefferminzblätter
- 20 g Brennnesselblätter
- 10 g Birkenblätter

2 EL Teemischung mit kaltem Wasser in einem Topf übergießen und langsam aufkochen. Den Sud ca. 1 Min. kochen lassen, dann vom Herd nehmen und ca. 10 Min. ziehen lassen. Anschließend abseihen.

KURKUMAMILCH ZUR STÄRKUNG DER LEBER

Zur Stärkung der Gallenblase und Leber bietet sich auch selbst zubereitete Kurkumamilch an. Trinken Sie täglich 1 Tasse vor der Hauptmahlzeit.

- 250 ml Vollmilch
- 250 ml Wasser
- 1 Msp. gemahlene Kurkuma
- 1 TL flüssiger Honig

Milch und Wasser in einem Topf auf dem Herd erhitzen, aber nicht kochen lassen. Die Kurkuma und den Honig hinzufügen und die Milch gut umrühen.

TEEMISCHUNG BEI LEBERFUNKTIONSSTÖRUNGEN

Zur unterstützenden Behandlung von Leberfunktionsstörungen ist folgende Teemischung empfehlenswert. Je nach Bedarf trinkt man 1 bis mehrere Tassen täglich.

- 20 g Kamillenblüten
- 20 g Pfefferminzblätter
- 10 g Rosmarinblätter
- 10 g Artischockenkraut
- 10 g Erdrauchkraut
- 10 g Löwenzahnwurzel mit Löwenzahnkraut
- 18 g Kornblumenblüten

1 TL Teemischung mit 150 ml kochend heißem Wasser überbrühen und ca. 10 Minuten zugedeckt ziehen lassen, dann abseihen.

ERNÄHREN SIE SICH FETTBEWUSST

Nicht nur Ihre Leber, sondern Ihr gesamter Organismus profitiert, wenn Sie künftig neben der angemessenen Menge an Fett auch auf die richtige Qualität der einzelnen Fette achten. Wichtig ist, dass der Anteil an einfach ungesättigten Fettsäuren und mehrfach ungesättigten Fettsäuren deutlich höher ist als der Anteil an gesättigten Fettsäuren. Wenn Sie diese Maxime beherzigen, essen Sie automatisch weniger Fleisch und fette Milchprodukte (in tierischen Lebensmitteln stecken besonders viele gesättigte Fettsäuren) und dafür mehr Nahrungsmittel, die pflanzlicher Herkunft sind. Ungesättigte Fettsäuren sind in fetthaltigen Pflanzen wie Nüssen und Avocados enthalten.

GUTE FETTLIEFERANTEN

Gesunde Omega-3-Fettsäuren nehmen Sie auf, wenn Sie zum Beispiel Lachs, Thunfisch oder Makrele verzehren. Ein hoher Gehalt findet sich zudem in gemahlenem Leinsamen und in Leinöl, in Walnüssen und Walnussöl sowie in Rapsöl, Nüssen und grünem Blattgemüse. Reich an Omega-6-Fettsäuren sind Margarine, Pflanzenöle wie Sonnenblumen- oder Weizenkeimöl, aber auch rotes Fleisch und andere tierische Fette (und damit auch Milchprodukte und Eier) sowie viele Fertigprodukte – diese Lebensmittel sollten Sie jedoch mit Bedacht essen.

Gesunde Omega-3-Fettsäuren

Generell sollten Sie darauf achten, ausreichend Omega-3- und -6-Fettsäuren zu essen. Beide gehören zwar zur Gruppe der mehrfach ungesättigten Fettsäuren, doch anders als die Omega-3-Fettsäuren kommen Omega-6-Fettsäuren sehr viel häufiger in Nahrungsmitteln vor. Die Deutsche Gesellschaft für Ernährung (DGE) empfiehlt, Omega-6-Fettsäuren und Omega-3-Fettsäuren im Verhältnis von maximal 5:1 aufzunehmen, meist liegt es hierzulande bei 8:1.

Transfette meiden

Auf industriell hergestellte gehärtete Fette sollten Sie möglichst ganz verzichten: Sie enthalten Transfette, die sich von allen Fetten am ungünstigsten auf die Blutfette (LDL- und HDL-Cholesterin sowie Triglyzeride) auswirken. Transfette kommen vor allem in frittierten Produkten (wie Pommes frites), Snacks (wie Chips, Cracker) sowie in einigen gehärteten Back- und Bratfetten vor.

REICHLICH PFLANZENKOST

Der Schwerpunkt einer lebergesunden Ernährung liegt auf viel Gemüse und (zuckerarmem) Obst. Damit vermeidet man größere Mengen Fett und Protein, die schwer verdaulich sein und die Leber belasten können. Und auf diese Weise fällt es auch leichter, die von der DGE empfohlenen 30 Gramm

Ballaststoffe pro Tag aufzunehmen. Ballaststoffe besitzen viele gesunde Eigenschaften – unter anderem wirken sie antientzündlich und senken den Zustrom der Fettsäuren in die Leber, bremsen also eine Fettleber. Wer Ballaststoffe bislang jedoch wenig gegessen hat, sollte mit der Umstellung langsam anfangen und zunächst nicht zu viel Rohkost verzehren. Das gilt unabhängig davon, ob man sich leberschonend ernähren möchte oder nicht.

Vorsicht mit rohen Hülsenfrüchten

Hülsenfrüchte bieten Pflanzenprotein und Ballaststoffe, sie dürfen aber nur gekocht verzehrt werden. Rohe Bohnen und Kichererbsen enthalten das giftige Eiweiß Phasin, das die Leber belastet und erst durch Kochen zerstört wird. Darum müssen z. B. grüne Bohnen oder Kichererbsen 7–8 Min. gegart werden (das Kochwasser wegschütten, nicht verwenden!).

BEWEGUNG IST WICHTIG!

Und auch das gehört zu einer lebergesunden Lebensweise: Bringen Sie mehr Bewegung ins Leben! Sport regt den Stoffwechsel an und fördert den Kalorienverbrauch. Dadurch steigert die Leber ihre Syntheseleistung und baut Energiereserven ab – und ebenso fällt das Abnehmen leichter. Als ideal gilt ein moderates sportliches Training an mindestens drei Tagen pro Woche (für jeweils 30 bis 45 Minuten). Mediziner empfehlen zum Abbau von überschüssigen Fettdepots vor allem Sportarten, die die Ausdauer fördern. Dazu gehören zum Beispiel schnelles Spazierengehen, Radfahren, Tanzen, Wandern, Nordic Walking, Skilanglauf oder Schwimmen. Ebenso ist gegen ein moderates Krafttraining etwa mit elastischen Bändern, Geräten oder geringen Gewichten nichts einzuwenden.

Aktiv im Alltag

Auch dann, wenn die Umstände dagegensprechen, dass Sie regelmäßig Sport treiben, brauchen Sie nicht auf ein körperlich aktiveres Leben zu verzichten. Denn es gibt noch viele andere Möglichkeiten, sich körperlich zu betätigen, etwa mithilfe von Gartenarbeit, ausgedehnten Spaziergängen oder Treppensteigen. Wenn Sie es schaffen, sich jeden Tag ein bisschen mehr zu bewegen, tragen Sie bereits viel dazu bei, Ihre Leber – und auch all die Stoffwechselprozesse in Ihrem Körper – effektiv zu stärken!

Lassen Sie es langsam angehen!

Wenn Sie lange keinen Sport betrieben haben, sollten Sie zunächst nicht mehr als 45 bis 60 Minuten pro Woche trainieren und die Trainingseinheiten dann schrittweise – entsprechend Ihrer aktuellen Leistungsfähigkeit – steigern. Bei der Überlegung, wie oft beziehungsweise wie intensiv Sie die Sportart Ihrer Wahl ausüben sollten, ist Ihr Arzt ein wichtiger Ansprechpartner. Gerade, wenn Sie einen (Wieder-)Einstieg in ein Bewegungsprogramm planen, sollten Sie vorab die Leistung von Herz und Kreislauf, etwa mithilfe eines Belastungs-EKG, überprüfen lassen.

KEINE CRASH-DIÄT!

Wenn Sie abnehmen möchten: Lassen Sie es Ihrer Leber zuliebe langsam angehen. 1 bis 2 Kilogramm pro Monat weniger genügen. Wichtig ist auch, dass Sie langfristig planen – so erzielen Sie deutlich bessere Abnehmergebnisse als mit einer radikalen Diät. Um gesund Gewicht abzubauen, empfiehlt sich eine kalorienreduzierte Kost, die Ihren Körper mit 1200 bis 1500 Kilokalorien täglich versorgt (abhängig von Ihrem individuellen täglichen Energiebedarf; den können Sie errechnen unter https://projekte.uni-hohenheim.de/wwwin140/info/interaktives/energiebed.htm). Dementsprechend sollten Sie Ihren individuellen Kalorienbedarf auf die drei Mahlzeiten Frühstück, Mittag- und Abendessen verteilen. Auf diese Weise schmelzen nicht nur Fettpolster an Bauch, Hüfte und Po, sondern auch die Fetteinlagerungen in Ihrer Leber. Haben Sie wie gewünscht abgenommen, den Energiebedarf bitte anpassen und erneut ermitteln.

DER TAGESABLAUF IM ÜBERBLICK

So kann ein Tag Ihrer Anti-Fettleber-Kur aussehen – den Ablauf sollten Sie mindestens 4 Wochen beibehalten. Zum Abnehmen Kasten S. 38 beachten.

FRÜHSTÜCK

Essen & Trinken

Ein gehaltvolles Frühstück, zum Beispiel Orangenhüttenkäse mit Hanfsamen (S. 45), dazu ein Kräutertee (ohne Aromazusatz) oder 1 Tasse Leber-Galle-Tee. Alternativ ist auch abgekochtes Wasser möglich.

Bewegung

Morgengymnastik kurz nach dem Aufstehen, vor dem Frühstück (täglich 10–15 Min.)

Extra

2 TL Flohsamenschalen in 150 ml Wasser auflösen und vor dem Frühstück (täglich) trinken. Dazu über den Tag verteilt mindestens 1,5–2 l Wasser trinken, da die Flohsamen im Darm stark aufquellen.

MITTAGESSEN

Essen & Trinken

Vollwertig und frisch zubereitetes Mittagessen wie Ratatouille mit gebackenem Ziegenkäse (S. 88)
Zwei- bis dreimal pro Woche Eiweiß, wie Backfisch mit Rahmspinat (S. 105)
Kohlenhydratreiche Speisen sollten möglichst auf Vollkornprodukten basieren (wie z. B. Vollkornnudeln und -reis).
1 Tasse Leber-Galle-Tee, sofern morgens noch keine Tasse getrunken wurde.

Entspannung

Nach dem Essen eine Ruhepause einlegen (wenn möglich, mindestens 20 Min.)

AM NACHMITTAG

Snack

Bei Bedarf, zum Beispiel 1 Handvoll Nüsse, Obst der Saison, etwas Rohkost.

Bewegung

Täglicher Spaziergang und / oder Sport an mind. 3 Tagen pro Woche für je 30–45 Min.

ABENDESSEN

Essen & Trinken

Leichtes Abendessen, zum Beispiel Löwenzahnsalat mit Spargel und Krabben (S. 156), dazu ein Kräutertee (ohne Aromazusatz) oder 1 Tasse Leber-Galle-Tee.

GESUNDE REZEPTE,

mit denen Sie Ihre Leber schonen

Mit den Rezepten auf den folgenden Seiten vermeiden Sie Nahrungsmittel, die Ihre Leber belasten. Starten Sie mit einem kräftigen Frühstück in den Tag. Die Hauptmahlzeit sollten Sie am besten mittags essen, vielleicht mit etwas Bewegung im Anschluss – das steigert die Leberleistung. Abends empfiehlt es sich, nur noch eine kleine Mahlzeit mit wenig Carbs und viel Eiweiß zu sich zu nehmen, damit Leber und Verdauungssystem ebenfalls nachts zur Ruhe kommen.

KNUSPERMÜSLI

mit Beeren und Kiwi

20 g Haselnusskerne
100 g kernige Haferflocken
2 EL Sonnenblumenkerne
1 EL Reissirup (nach Belieben)
1 EL Rapsöl
½ TL Zimtpulver
50 g Heidelbeeren
50 g Himbeeren
1 Kiwi
300 g Joghurt (1,5 % Fett)
2 TL Kakao-Nibs

Für 2 Personen
20 Min. Zubereitung

Nährwert pro Portion:

- 485 kcal
- 17 g Eiweiß
- 25 g Fett
- 45 g Kohlenhydrate

1 Die Nüsse grob hacken und mit den Haferflocken und Sonnenblumenkernen in einer Schüssel mischen. Den Reissirup nach Belieben, das Öl und den Zimt dazugeben und alles gut verrühren.

2 Eine beschichtete Pfanne erhitzen. Die Müslimischung darin bei mittlerer Hitze in ca. 5 Min. unter Wenden goldbraun und knusprig braten. Vom Herd nehmen und abkühlen lassen. Inzwischen die Heidel- und Himbeeren verlesen, waschen und trocken tupfen. Die Kiwi schälen, längs halbieren und in Scheiben schneiden.

3 Zum Servieren das Knuspermüsli – bis auf 1 EL – mit dem Joghurt verrühren, auf Schalen verteilen und mit den Beeren und Kiwi belegen. Zuletzt mit dem übrigen Knuspermüsli und den Kakao-Nibs bestreuen.

TIPP:

Das Knuspermüsli lässt sich gut auf Vorrat zubereiten und im auf 180° vorgeheizten Ofen (unten) auf einem mit Backpapier belegten Blech 25–30 Min. backen, dabei ein- bis zweimal wenden. Müslimischung herausnehmen, auf dem Blech abkühlen lassen und in einem luftdichten Schraubglas aufbewahren. Es hält sich 3–4 Wochen.

ANTI-FETTLEBER-TIPP:

Reissirup enthält keine Fruktose. Daher eignet er sich als Süßungsmittel für Menschen, die an Fruktose-Intoleranz leiden. Bitte immer nur in Maßen verwenden! Wer einfache Kohlenhydrate reduzieren möchte, lässt den Sirup weg.

FÜR DEN
VORRAT

REICH AN
PROTEINEN

ORANGENHÜTTENKÄSE

mit Hanfsamen

60 g zarte Dinkelflocken
2 Orangen
200 g körniger Frischkäse (20 % Fett i.Tr.)
100 g Quark (20 % Fett i.Tr.)
20 g geschälte Hanfsamen (aus dem Bioladen)
2 EL Granatapfelkerne (aus dem Kühlregal)

Für 2 Personen
15 Min. Zubereitung

Nährwert pro Portion:

- 380 kcal
- 26 g Eiweiß
- 14 g Fett
- 36 g Kohlenhydrate

1 Die Dinkelflocken in einer beschichteten Pfanne ohne Fett bei mittlerer Hitze in ca. 5 Min. goldbraun rösten. Herausnehmen und abkühlen lassen.

2 Die Orangen so schälen, dass die weiße Haut vollständig entfernt wird. Die Filets zwischen den Trennhäuten herausschneiden, dabei den austretenden Saft auffangen. Zwei Drittel der Orangenfilets halbieren oder dritteln.

3 Frischkäse und Quark mit den Hanfsamen und dem aufgefangenen Orangensaft in einer Schüssel verrühren. Die klein geschnittenen Orangenfilets unterheben.

4 Zum Servieren die Mischung auf Schalen verteilen und die übrigen Orangenfilets und die gerösteten Dinkelflocken darübergeben. Mit den Granatapfelkernen bestreuen.

TIPP:

Leichtes Rösten der Hanfsamen bringt ein schmackhaftes Nussaroma ins Spiel. Um das hochwertige Hanföl mit seinen lebensnotwendigen ungesättigten Omega-3- und Omega-6-Fettsäuren zu erhalten, die Samen bitte nur bei mittlerer Hitze – nicht bei starker Hitze über 180° – rösten.

MELONEN-ERDBEER-SALAT

mit Quark

400 g Wassermelone
200 g Erdbeeren
2 EL Limettensaft
20 g Leinsamen
20 g dunkler Sesam
300 g Magerquark
100 g Joghurt (1,5 % Fett)
2 TL Leinöl

Für 2 Personen
20 Min. Zubereitung

Nährwert pro Portion:

- 360 kcal
- 28 g Eiweiß
- 15 g Fett
- 23 g Kohlenhydrate

1 Die Melone schälen, entkernen und in ca. 2 cm große Stücke schneiden. Die Erdbeeren putzen, waschen und halbieren oder vierteln. Die Früchte vorsichtig mischen und mit dem Limettensaft beträufeln.

2 Den Leinsamen und Sesam in einer beschichteten Pfanne ohne Fett bei mittlerer Hitze in ca. 5 Min. goldbraun rösten. Vom Herd nehmen und abkühlen lassen.

3 Den Quark mit dem Joghurt und dem Leinöl cremig verrühren und die Hälfte vom Samen-Mix untermischen. Zum Servieren die Quarkmischung auf Schalen verteilen und den Obstsalat daraufgeben. Zuletzt mit dem übrigen Leinsamen-Sesam-Mix bestreuen.

ANTI-FETTLEBER-TIPP:

Ob im Quark, Müsli oder Salat – bauen Sie Leinöl möglichst täglich in Ihre Ernährung ein. Das Besondere: Das hochwertige pflanzliche Öl liefert außergewöhnlich viel von der Omega-3-Variante Alpha-Linolensäure (45–70 %) – einem essenziellen (lebensnotwendigen) Nährstoff, den der Körper nicht selbst herstellen kann. Dieser wirkt in der Leber entzündungshemmend und entgiftend.

EIWEISSREICHER
SOMMER-HIT

JOGHURTKALTSCHALE

mit Johannisbeeren

30 g kernige Haferflocken | 2 EL Mandelblättchen | 1 EL geschroteter Leinsamen | 125 g rote Johannisbeeren | 125 g schwarze Johannisbeeren | 1 EL Reissirup (nach Belieben) | 300 g Joghurt (1,5 % Fett) | 100 ml Kefir (1,5 % Fett) | Minzeblätter zum Garnieren
Für 2 Personen | 15 Min. Zubereitung

1 Die Haferflocken, Mandeln und Leinsamen in einer beschichteten Pfanne ohne Fett bei mittlerer Hitze in ca. 5 Min. goldbraun rösten. Vom Herd nehmen und abkühlen lassen.

2 Die Beeren waschen und trocken tupfen, von den Rispen streifen und zwei Drittel in einen hohen Rührbecher geben. Sirup nach Belieben, Joghurt und Kefir hinzufügen. Alles mit dem Pürierstab fein pürieren und nach Belieben durch ein feines Sieb streichen, um die Kerne zurückzubehalten.

3 Zum Servieren die Minze waschen und trocken tupfen. Die Beerenkaltschale auf tiefe Teller oder Schalen verteilen und die übrigen Beeren daraufsetzen. Zuletzt die Flockenmischung darüberstreuen und mit der Minze garnieren.

Nährwert pro Portion:

275 kcal	11 g Fett
14 g Eiweiß	24 g Kohlenhydrate

PFIRSICH-SMOOTHIE-BOWL

mit Seidentofu

50 g Mandeln | 1 Orange | 2–3 reife Pfirsiche (ca. 400 g) | 200 g Seidentofu | 1 EL Limettensaft | 1 TL abgeriebene Bio-Limettenschale | 100 ml stilles Mineralwasser | 50 g kernige Haferflocken | 30 g getrocknete Aronia-Beeren | 2 EL gepuffter Amarant
Für 2 Personen | 20 Min. Zubereitung

1 Die Mandeln grob hacken und in einer Pfanne ohne Fett bei mittlerer Hitze in ca. 5 Min. goldbraun rösten. Vom Herd nehmen und abkühlen lassen.

2 Die Orange halbieren und ca. 100 ml Saft auspressen. Die Pfirsiche waschen, halbieren, entsteinen und in ca. 1 cm große Würfel schneiden. 2 EL Pfirsichwürfel zum Garnieren beiseitelegen. Übrige Pfirsichwürfel mit Tofu, Orangensaft, Limettensaft und -schale sowie mit dem Mineralwasser im Mixer oder in einem hohen Rührbecher mit dem Pürierstab fein pürieren.

3 Zum Servieren den Smoothie auf Bowls (Schalen) verteilen. Mit den Mandeln, Haferflocken, Aronia-Beeren, Amarant-Pops und den beiseitegelegten Pfirsichwürfeln in Streifen nebeneinander garnieren.

Nährwert pro Portion:

450 kcal	19 g Fett
18 g Eiweiß	49 g Kohlenhydrate

GOLDLEINSAMENPUDDING

mit Apfel und Clementine

400 ml Buttermilch
75 g geschroteter Goldleinsamen
½ TL gemahlene Vanille
¼ TL Zimtpulver
1 Msp. gemahlene Kurkuma
2 EL Yacon-Sirup (aus dem Onlinehandel; ersatzweise Reissirup)
1 kleiner säuerlicher Apfel (z. B. Elstar)
1 Clementine
1 EL Zitronensaft
30 g Walnusskerne
2 EL kernige Haferflocken

Für 2 Personen
20 Min. Zubereitung
8 Std. (über Nacht) Quellen

Nährwert pro Portion:

- 455 kcal
- 22 g Eiweiß
- 23 g Fett
- 29 g Kohlenhydrate

1 Am Vorabend die Buttermilch mit Leinsamen, Vanille, Zimt, Kurkuma und Yacon-Sirup in einer Schüssel verrühren und ca. 20 Min. quellen lassen. Danach den Leinsamenpudding auf Dessertgläser verteilen und zugedeckt ca. 8 Std., am besten über Nacht, im Kühlschrank quellen lassen.

2 Am nächsten Morgen den Apfel waschen, vierteln, entkernen und in kleine Würfel schneiden. Die Clementine schälen und in Spalten teilen, diese quer halbieren. Die Apfelwürfel und Clementinenstücke mit dem Zitronensaft mischen. Die Nüsse hacken.

3 Zum Servieren den Apfel-Clementinen-Mix auf dem Leinsamenpudding verteilen. Zuletzt mit den gehackten Walnüssen und den Haferflocken bestreuen.

ANTI-FETTLEBER-TIPP:

Yacon-Sirup ist in seiner Heimat Südamerika ein beliebtes Süßungsmittel, das aus der gleichnamigen Wurzel gewonnen wird. Dank seines sehr niedrigen glykämischen Index' verhindert er einen zu starken Anstieg des Blutzuckers. Das liegt an seiner hohen Konzentration an Fructooligosacchariden (FOS), die im Darm – ähnlich wie das ebenfalls enthaltene Inulin – nicht verdaut werden. Dafür dienen sie den gesunden Darmbakterien als Nahrung. Yacon-Sirup wirkt somit als natürliches Präbiotikum.

AM ABEND
VORBEREITEN

GEWÜRZ-PORRIDGE mit Aprikose

200 g Aprikosen | 2 TL Zitronensaft | 2 TL Chia-Samen | 400 ml Milch (1,5 % Fett) | 1 TL Zimtpulver | ½ TL gemahlene Kurkuma | 1 Msp. gemahlener Kardamom | ¼ TL gemahlene Nelken | 120 g zarte Haferflocken | 4 EL Dickmilch (3,5 % Fett)

Für 2 Personen | 25 Min. Zubereitung

1 Die Aprikosen waschen, halbieren, entsteinen und in Spalten schneiden. Die Hälfte beiseitelegen, den Rest mit dem Zitronensaft in einen hohen Rührbecher geben und mit dem Pürierstab fein pürieren. Die Chia-Samen gründlich unterrühren und die Fruchtmasse ca. 10 Min. quellen lassen.

2 Inzwischen in einem kleinen Topf die Milch und 75 ml Wasser mit Zimt, Kurkuma, Kardamom und Nelken verrühren und aufkochen. Die Haferflocken dazugeben und unterrühren. Alles zugedeckt bei mittlerer Hitze in ca. 10 Min. zu einem dicken Brei köcheln lassen, dabei ab und zu umrühren. Falls der Porridge zu dick ist, noch etwas Wasser hinzufügen. Den Porridge zugedeckt auf dem abgeschalteten Herd noch ca. 5 Min. quellen lassen.

3 Zum Servieren den Porridge auf Schalen verteilen und je 1 Klecks Aprikosen-Chia-Mus und 2 EL Dickmilch daraufgeben. Mit den beiseitegestellten Aprikosen belegen.

Nährwert pro Portion:

405 kcal | 10 g Fett
18 g Eiweiß | 56 g Kohlenhydrate

QUINOA-BREI mit Pflaumen

1 Stück Ingwer (ca. 1 cm lang) | 1 Zimtstange | Salz | 300 ml ungesüßter Mandeldrink | 150 ml Milch (1,5 % Fett) | 100 g Quinoa | 30 g Walnusskerne | 30 g Haselnusskerne | 2–3 rote Pflaumen | 1 EL Zitronensaft
Für 2 Personen | 30 Min. Zubereitung

1 Den Ingwer schälen und in Scheiben schneiden. Mit der Zimtstange, 1 Prise Salz, Mandeldrink und Milch in einem kleinen Topf unter Rühren offen aufkochen.

2 Die Quinoa in einem Sieb kalt abbrausen, kurz abtropfen lassen und zum Milch-Mix geben. Alles unter Rühren aufkochen, dann offen bei mittlerer Hitze ca. 15 Min. garen, dabei ab und zu umrühren. Anschließend zugedeckt auf der abgeschalteten Herdplatte noch ca. 10 Min. quellen lassen.

3 Inzwischen die Walnüsse und Haselnüsse hacken und in einer Pfanne ohne Fett bei mittlerer Hitze in ca. 5 Min. rösten. Vom Herd nehmen und abkühlen lassen.

4 Die Pflaumen waschen, halbieren, entkernen, in Spalten schneiden und mit dem Zitronensaft mischen. Ingwer und Zimtstange aus dem Brei nehmen und die Hälfte der Nüsse untermischen.

5 Zum Servieren den Brei auf Schalen verteilen und mit dem übrigen Nuss-Mix und den Pflaumen anrichten.

Nährwert pro Portion:

495 kcal | 27 g Fett
16 g Eiweiß | 45 g Kohlenhydrate

RICOTTA-OMELETT

mit Heidelbeeren

1 EL Mandeln
150 g Heidelbeeren (frisch oder TK und aufgetaut)
½ TL gemahlene Vanille
5 Eier (M)
100 ml Milch (1,5 % Fett)
50 g Vollkorn-Dinkelmehl
2 TL Rapsöl
100 g Ricotta (oder Quark, 20 % Fett i.Tr.)

Für 2 Personen
30 Min. Zubereitung

Nährwert pro Portion:

- 500 kcal
- 28 g Eiweiß
- 30 g Fett
- 27 g Kohlenhydrate

1 Die Mandeln hacken und in einer Pfanne ohne Fett bei mittlerer Hitze in ca. 5 Min. goldbraun rösten. Herausnehmen und abkühlen lassen.

2 Den Backofen auf 80° vorheizen. Die Heidelbeeren verlesen, waschen und trocken tupfen (TK-Ware rechtzeitig auftauen lassen). Die Beeren mit der Vanille mischen. Die Eier mit Milch und Mehl mit einem Schneebesen verquirlen.

3 In einer kleinen beschichteten Pfanne 1 TL Öl erhitzen. Die Hälfte der Eiermasse hineingießen und zugedeckt bei niedriger Hitze in 3–4 Min. stocken lassen. Das Omelett wenden und in 1–2 Min. fertig backen. Dann aus der Pfanne auf einen Teller gleiten lassen und im Ofen warm halten. Aus der übrigen Eiermasse mit dem restlichen Öl ein zweites Omelett backen.

4 Zum Servieren die Omeletts mit Ricotta bestreichen und mit Beeren und gehackten Mandeln bestreuen.

ANTI-FETTLEBER-TIPP:

Beim Einkauf von Ricotta sollten Sie darauf achten, dass er aus einer Mischung aus Milch und Molke hergestellt ist und 20–39 % Fett i.Tr. hat. Es gibt auch kalorienreiche Versionen des italienischen Frischkäses in der Vollfettstufe (ca. 45 % Fett i.Tr.), die Sahne enthalten und deshalb bei Fettleber nicht empfehlenswert sind. Wenn Sie beim Kauf von Ricotta in der Halb- bzw. Dreiviertelfettstufe nicht fündig werden, können Sie auch Quark (20 % Fett i.Tr.) nehmen.

MORGEN-
GRUSS
AUS ITALIEN

VEGANER
FRÜHSTÜCKS-
KICK

SCHOKO-AVOCADO-PANCAKES

mit Papaya

½ Avocado (ca. 100 g ohne Kern)
100 g Sojacreme
40 g Vollkorn-Weizenmehl
½ EL schwach entöltes Kakaopulver
Salz
5 g Flohsamenschalen
250 g Papaya
1 TL abgeriebene Bio-Limettenschale
1 EL Limettensaft
1 EL Cashewkerne
1 EL Rapsöl
2 EL Sojaghurt

Für 2 Personen
30 Min. Zubereitung

Nährwert pro Portion:

385 kcal
8 g Eiweiß
27 g Fett
19 g Kohlenhydrate

1 Die Avocado ggf. entkernen, das Fruchtfleisch aus der Schale lösen und in einen hohen Rührbecher geben. Sojacreme, Mehl, Kakao und 1 Prise Salz hinzufügen und alles mit dem Pürierstab fein pürieren. Den Teig mit den Flohsamen mischen und ca. 10 Min. ruhen lassen.

2 Inzwischen die Papaya mit einem Löffel entkernen und schälen. Das Fruchtfleisch in kleine Würfel schneiden und mit Limettenschale und -saft mischen. Die Cashewkerne grob hacken und in einer Pfanne ohne Fett bei mittlerer Hitze in ca. 5 Min. goldbraun rösten. Vom Herd nehmen und abkühlen lassen.

3 In einer beschichteten Pfanne ½ EL Öl erhitzen. Aus der Hälfte des Teiges darin bei mittlerer Hitze in 3–4 Min 4 Pancakes backen, dabei pro Pancake 1 EL Teig in die Pfanne geben und flach drücken. Sobald der Rand der Pancakes bräunt, vorsichtig wenden und auf der anderen Seite noch 3–4 Min. backen. Herausnehmen und auf Küchenpapier kurz abtropfen lassen. Restlichen Teig und Öl ebenso verarbeiten, es sollen 8–9 kleine Pancakes entstehen.

4 Zum Servieren die Pancakes mit dem Papayasalat und je 1 EL Joghurt anrichten. Mit den Cashewkernen bestreuen.

ANTI-FETTLEBER-TIPP:

In dem buttrigen Fruchtfleisch der Avocado steckt Glutathion, das stärkste der bisher bekannten Antioxidantien. Es hilft der Leber, neue Zellen zu bilden und so ihr eigenes Gewebe zu regenerieren.

AVOCADO-CARPACCIO mit Mozzarella

1 EL Pinienkerne | 1 Avocado | 100 g Erdbeeren | 125 g Mozzarella light (mind. 20 % Fett i.Tr.) | ½ rote Peperoni | 1 EL Zitronensaft | 1 EL Aceto balsamico bianco | Salz | Pfeffer | 2 EL Olivenöl | 2 Stiele Basilikum | 2 TL Chia-Samen

Für 2 Personen | 20 Min. Zubereitung

1 Die Pinienkerne in einer Pfanne ohne Fett bei mittlerer Hitze in ca. 5 Min. rösten. Vom Herd nehmen und abkühlen lassen.

2 Die Avocado halbieren, entkernen, schälen und quer in dünne Scheiben schneiden. Erdbeeren putzen, waschen und in Scheiben schneiden. Mozzarella abtropfen lassen und in Scheiben schneiden. Avocado, Erdbeeren und Mozzarella leicht überlappend auf Tellern anrichten.

3 Die Peperoni waschen, längs halbieren, weiße Trennwände und Kerne entfernen und die Hälften fein würfeln. Mit Zitronensaft, Essig, Salz, Pfeffer und Öl verrühren und über das Carpaccio träufeln.

4 Zum Servieren das Basilikum waschen, trocken tupfen und die Blätter abzupfen. Das Carpaccio jeweils mit den Pinienkernen und Chia-Samen bestreuen und mit Basilikum garnieren. Dazu passt pro Person 1 Scheibe feines Vollkornbrot.

Nährwert pro Portion:

480 kcal	43 g Fett
17 g Eiweiß	6 g Kohlenhydrate

GEMÜSETELLER mit Schafskäse

125 g fettarmer Schafskäse (z. B. Feta, mind. 20 % Fett i.Tr.) | ½ TL getrockneter Oregano | 2 TL Leinöl | 30 g Walnusskerne | 1 gelbe Spitzpaprika | 1 Mini-Salatgurke | 125 g Kirschtomaten | 3 Stiele Petersilie | 100 g Joghurt (1,5 % Fett) | Salz | Pfeffer | rosenscharfes Paprikapulver | 2 Scheiben feines Vollkornbrot (à ca. 50 g)

Für 2 Personen | 20 Min. Zubereitung

1 Den Schafskäse in Scheiben schneiden und auf Tellern anrichten. Mit dem Oregano bestreuen und mit dem Leinöl beträufeln. Die Nüsse hacken und darüberstreuen.

2 Die Spitzpaprika waschen, längs halbieren, weiße Trennwände und Kerne entfernen und die Hälften längs in Spalten schneiden. Die Gurke waschen und längs in dünne Scheiben schneiden. Die Tomaten waschen und halbieren oder vierteln. Die Petersilie waschen, trocken schütteln, die Blätter abzupfen, hacken und mit dem Joghurt verrühren, mit Salz und Pfeffer würzen.

3 Zum Servieren die Paprika, Gurken und Tomaten auf die Teller mit dem Feta verteilen. Je 1 Klecks Petersilien-Joghurt-Dip dazu anrichten und alles mit dem Paprikapulver bestäuben. Das Brot dazu reichen.

Nährwert pro Portion:

390 kcal	22 g Fett
21 g Eiweiß	27 g Kohlenhydrate

CURRY-HIRSE-AUFSTRICH auf Vollkornbrot

1 kleine Schalotte | 2 TL Rapsöl | 2 TL heller Sesam | ½ TL Currypulver | 60 ml ungesüßter Sojadrink | 20 g Hirseflocken | Salz | Pfeffer | 4 Radieschen | 1 Handvoll Radieschensprossen | 2 Scheiben feines Vollkornbrot (à ca. 50 g) | 300 ml Tomatensaft | 20 g geschälte Hanfsamen (aus dem Bioladen)

Für 2 Personen | 25 Min. Zubereitung | 20 Min. Abkühlen

1 Die Schalotte schälen und fein würfeln. Das Öl in einem kleinen Topf erhitzen, Schalotte und Sesam darin bei mittlerer Hitze 2–3 Min. dünsten. Mit Curry bestäuben und kurz andünsten. Sojadrink dazugießen und aufkochen, die Hirseflocken einrühren.

2 Alles zugedeckt bei niedriger Hitze ca. 10 Min. quellen lassen. Die Hirsemischung vom Herd nehmen, mit Salz und Pfeffer würzen. Lauwarm abkühlen lassen.

3 Die Radieschen putzen, waschen und in dünne Scheiben schneiden. Die Sprossen in einem Sieb waschen und abtropfen lassen.

4 Zum Servieren die Brote mit dem Aufstrich bestreichen, mit den Radieschen belegen und mit den Sprossen bestreuen. Den Tomatensaft mit den Hanfsamen verrühren, mit Salz und Pfeffer würzen. Auf Gläser verteilen und zu den Broten servieren.

Nährwert pro Portion:

320 kcal	15 g Fett
11 g Eiweiß	34 g Kohlenhydrate

ARTISCHOCKENCREME auf Brötchen

2 Artischockenherzen (ca. 80 g; aus der Dose) | 1 EL gemahlene Mandeln | 2 TL Zitronensaft | 2 EL Magerquark | Salz | Pfeffer | 1 EL Mandelblättchen | 4 kleine Tomaten | 2 Stiele Basilikum | 2 Vollkorn-Dinkelbrötchen (ca. 120 g)

Für 2 Personen | 20 Min. Zubereitung

1 Die Artischocken in ein Sieb abgießen, gut abtropfen lassen und in Stücke schneiden. Dann mit Mandeln, Zitronensaft und Quark in einen hohen Rührbecher geben und alles mit dem Pürierstab fein pürieren. Die Creme mit Salz und Pfeffer würzen.

2 Die Mandelblättchen in einer Pfanne ohne Fett bei mittlerer Hitze in ca. 5 Min. goldbraun rösten. Vom Herd nehmen und abkühlen lassen. Die Tomaten waschen und quer in Scheiben schneiden, dabei die Stielansätze entfernen. Basilikum waschen, trocken schütteln, Blätter abzupfen.

3 Zum Servieren die Brötchen quer aufschneiden und beide Hälften mit der Artischockencreme bestreichen. Jeweils mit den Tomaten belegen und mit Mandelblättchen und Basilikum garnieren.

ANTI-FETTLEBER-TIPP:

Essen Sie möglichst oft Artischocken: Ihre Inhaltsstoffe fördern die Produktion von Gallensaft und den Abtransport von Giften.

Nährwert pro Portion:

235 kcal	7 g Fett
11 g Eiweiß	32 g Kohlenhydrate

OVERNIGHT OATS mit Gemüse

100 g 5-Korn-Flockenmischung
200 ml ungesüßter Haferdrink
Salz
2 TL Walnusskerne
2 TL Sonnenblumenkerne
½ große Salatgurke (ca. 250 g)
1 kleine gelbe Paprika
250 g Tomaten
1 EL Leinöl
Pfeffer
2 Stiele Basilikum
200 g Joghurt (1,5 % Fett)

Für 2 Personen
35 Min. Zubereitung
8 Std. (über Nacht) Quellen

Nährwert pro Portion:

420 kcal
14 g Eiweiß
16 g Fett
52 g Kohlenhydrate

1 Am Vorabend den Flocken-Mix mit Haferdrink und 1 Prise Salz in einer Schüssel verrühren. Zugedeckt mind. 8 Std., am besten über Nacht, im Kühlschrank quellen lassen.

2 Am nächsten Tag die Walnüsse grob hacken und mit den Sonnenblumenkernen in einer Pfanne Fett bei mittlerer Hitze in ca. 5 Min. goldbraun rösten. Herausnehmen und abkühlen lassen.

3 Die Gurke waschen, längs halbieren, entkernen und klein würfeln. Die Paprika waschen, vierteln, weiße Trennwände und Kerne entfernen und die Viertel in kleine Würfel schneiden. Die Tomaten waschen und in ca. 1 cm große Würfel schneiden, dabei die Stielansätze entfernen.

4 Gurke, Paprika und Tomaten vorsichtig mit dem Leinöl mischen, mit Salz und Pfeffer würzen. 2 EL Gemüse-Mix zum Garnieren beiseitestellen. Den Rest unter die eingeweichte Flockenmischung heben. Das Basilikum waschen, trocken schütteln und die Blätter abzupfen. Einige Blätter zum Garnieren beiseitelegen, den Rest fein hacken und unter den Joghurt rühren.

5 Zum Servieren die Gemüse-Oats in Schalen anrichten und den Basilikumjoghurt darauf verteilen. Zuletzt alles mit dem Kerne-Mix und der beiseitegestellten Gemüsemischung bestreuen und mit Basilikum garnieren. Die Oats eignen sich auch gut zum Mitnehmen – dazu am besten in verschließbare Gläser füllen.

Rohköstlich, nussig und cremig: Mit dem Mehrflocken-Müsli können Sie energiegeladen durchstarten. Es punktet mit gesunder Vielfalt und liefert Power satt – so leicht wie lecker.

MÜSLI MAL HERZHAFT

MARINIERTES ROASTBEEF mit Rucola

100 g Kirschtomaten | 100 g Champignons | 2 Frühlingszwiebeln | 30 g Rucola | 150 g Roastbeefaufschnitt (in dünnen Scheiben) | 2 EL Aceto balsamico | ½ TL mittelscharfer Senf | Salz | Pfeffer | 2 EL Olivenöl | 30 g Parmesan (am Stück) | 4 Scheiben Vollkorn-Baguette (ca. 120 g)

Für 2 Personen | 20 Min. Zubereitung

1 Die Tomaten waschen. Die Pilze putzen, bei Bedarf mit einem Tuch abreiben. Beide in dünne Scheiben schneiden. Die Frühlingszwiebeln putzen, waschen und in dünne Ringe schneiden. Den Rucola verlesen, waschen und trocken schütteln, dabei grobe Stiele entfernen.

2 Die Roastbeefscheiben leicht überlappend auf Tellern anrichten. Die Tomaten- und Pilzscheiben, die Frühlingszwiebeln und den Rucola darauf verteilen.

3 Für die Vinaigrette Essig, 2 EL Wasser, Senf, Salz und Pfeffer gründlich verrühren und das Öl unterschlagen. Die Vinaigrette über Roastbeef und Gemüse träufeln.

4 Zum Servieren den Parmesan mit dem Sparschäler in feine Späne hobeln und über die Teller streuen. Die Baguettescheiben dazu reichen.

Nährwert pro Portion:

435 kcal | 19 g Fett
31 g Eiweiß | 32 g Kohlenhydrate

PUTENBRUSTAUFSCHNITT mit Avocadosauce

1 reife Avocado | 3 TL Zitronensaft | Salz | Pfeffer | 2 EL Joghurt (1,5 % Fett) | 1 EL Kapern-Lake (aus dem Glas) | 1 rote Spitzpaprika | 2 TL kleine Kapern (Nonpareilles; in Lake eingelegt) | 3 Stiele Petersilie | 200 g Putenbrustaufschnitt (in dünnen Scheiben) | 2 Scheiben feines Vollkornbrot (à ca. 50 g)

Für 2 Personen | 20 Min. Zubereitung

1 Die Avocado halbieren, entkernen und das Fruchtfleisch am Stück aus der Schale lösen. Eine Hälfte ca. 1 cm groß würfeln und mit 2 TL Zitronensaft beträufeln, damit sich die Avocadowürfel nicht bräunlich verfärben. Die andere Avocadohälfte mit dem übrigen Zitronensaft, Salz, Pfeffer, Joghurt und Kapern-Lake in einem hohen Rührbecher mit dem Pürierstab fein pürieren.

2 Die Paprika waschen, längs halbieren, weiße Trennwände und Kerne entfernen und die Hälften klein würfeln. Die Kapern abtropfen lassen. Die Petersilie waschen, trocken schütteln und die Blätter abzupfen.

3 Zum Servieren den Putenaufschnitt auf Tellern leicht überlappend anrichten. Mit den Paprika- und Avocadowürfeln und den Kapern bestreuen. Die Avocadosauce darüberträufeln und alles mit der Petersilie garnieren. Das Brot dazu reichen.

Nährwert pro Portion:

470 kcal	32 g Fett
20 g Eiweiß	24 g Kohlenhydrate

ROTE-BETE-MAX MIT HÄHNCHEN

2 EL Frischkäse (mind. 20 % Fett i.Tr.)
2 TL geriebener Meerrettich
Salz | Pfeffer
1 TL Zitronensaft
3 TL Rapsöl
2 große Scheiben feines Vollkorn-Roggenbrot (à ca. 75 g)
125 g gegarte Rote Bete (vakuumverpackt)
80 g Hähnchenbrustaufschnitt (in dünnen Scheiben)
2 Eier (M)
½ Beet Kresse

Für 2 Personen
25 Min. Zubereitung

Nährwert pro Portion:

- 435 kcal
- 26 g Eiweiß
- 18 g Fett
- 41 g Kohlenhydrate

1 Den Frischkäse mit dem Meerrettich in einer Schüssel cremig rühren. Mit Salz, Pfeffer und Zitronensaft abschmecken. In einer großen beschichteten Pfanne 2 TL Öl erhitzen und die Brotscheiben darin bei mittlerer Hitze in ca. 5 Min. hellbraun rösten, dabei zwischendurch wenden. Herausnehmen und auf Teller legen.

2 Inzwischen die Roten Beten abtropfen lassen, trocken tupfen und in dünne Scheiben schneiden oder hobeln (dabei am besten Einweghandschuhe tragen!). Die Brotscheiben mit Meerrettichfrischkäse bestreichen, Rote-Bete-Scheiben darauf verteilen und mit dem Hähnchenaufschnitt belegen. Leicht mit Salz und Pfeffer würzen.

3 Das übrige Öl in einer beschichteten Pfanne erhitzen und die Eier darin bei mittlerer Hitze zu Spiegeleiern braten. Leicht mit Salz und Pfeffer würzen.

4 Zum Servieren die Kresse vom Beet schneiden, waschen und trocken schütteln. Die Spiegeleier auf den Broten anrichten und mit der Kresse bestreuen.

ANTI-FETTLEBER-TIPP:

Wenn Sie an einer Fettleber leiden, sollten Sie Rote Bete möglichst oft essen. Die in ihr reichlich enthaltenen Antioxidantien – u. a. das wirksame Betalain – unterstützen sehr effektiv die Reinigung der Leber: Ihr Fettanteil wird reduziert und eventuell begleitende Entzündungssymtome werden gemindert. Außerdem liefert Rote Bete Probiotika.

AUCH
LECKER ALS
LUNCH

KRABBENRÜHREI mit Radieschen

8 Radieschen | ½ Bund Schnittlauch | 100 g Nordseekrabben (aus dem Kühlregal) | 4 Eier (M) | 2 EL Milch (1,5 % Fett) | Salz | Pfeffer | 2 TL Butter | 2 Scheiben Pumpernickel (à ca. 20 g)

Für 2 Personen | 20 Min. Zubereitung

1 Die Radieschen putzen, waschen und in dünne Scheiben schneiden. Die zarten Blätter des Radieschengrüns waschen, trocken schütteln und in feine Streifen schneiden. Den Schnittlauch waschen, trocken schütteln und in feine Röllchen schneiden. Die Krabben in einem Sieb abbrausen und abtropfen lassen.

2 Die Eier mit der Milch, Salz und Pfeffer verquirlen und zwei Drittel des Schnittlauchs unterrühren. Die Butter in einer beschichteten Pfanne erhitzen, die Eiermasse darin gleichmäßig verteilen und bei niedriger Hitze in 4–5 Min. langsam stocken lassen, dabei mit einem Pfannenwender immer wieder von außen nach innen zusammenschieben. Zuletzt die Krabben dazugeben und untermischen, dann die Pfanne vom Herd nehmen.

3 Zum Servieren die Pumpernickelscheiben auf Tellern anrichten und das Krabbenrührei darauf verteilen. Mit den Radieschenscheiben und -blättern und dem übrigen Schnittlauch bestreuen.

Nährwert pro Portion:

305 kcal | 17 g Fett
27 g Eiweiß | 10 g Kohlenhydrate

OMELETT mit Gurken und Lachs

1 große Tomate | 1 Mini-Salatgurke | 2 TL saure Sahne | 1 TL Zitronensaft | Salz | Pfeffer | 3 Stiele Dill | 125 g Stremellachs (mit Haut) | 5 Eier (M) | 2 EL Milch | 1 EL Rapsöl
Für 2 Personen | 30 Min. Zubereitung

1 Die Tomate waschen und klein würfeln, dabei Stielansatz und Kerne entfernen. Die Gurke waschen, längs halbieren und entkernen, klein würfeln. Tomaten- und Gurkenwürfel mit saurer Sahne, Zitronensaft, Salz und Pfeffer mischen. Dill waschen, trocken schütteln, die Spitzen abzupfen, hacken und unter den Salat mischen. Lachs häuten und mit zwei Gabeln in Stücke zupfen.

2 Den Backofen auf 80° vorheizen. Die Eier mit Milch, Salz und Pfeffer verquirlen. ½ EL Öl in einer beschichteten Pfanne erhitzen. Die Hälfte der Eiermasse darin gleichmäßig verteilen und offen bei mittlerer Hitze in ca. 2 Min. stocken lassen. Dann zugedeckt noch 3–5 Min. weitergaren, bis das Omelett vollständig gestockt ist.

3 Das Omelett herausnehmen und auf einen Teller setzen. Mit der Hälfte von Gurken-Mix und Lachs belegen und mittig zusammenklappen. Im Ofen warm halten. Aus der restlichen Eiermasse mit dem übrigen Öl ein zweites Omelett backen, ebenso füllen und alles sofort servieren.

Nährwert pro Portion:

465 kcal | 33 g Fett
37 g Eiweiß | 4 g Kohlenhydrate

FORELLENBRÖTCHEN

mit Möhrenquark

20 g Sonnenblumenkerne
125 g Magerquark
2 EL Leinöl
2 TL geriebener Meerrettich
1 TL Zitronensaft
Salz | Pfeffer
1 Möhre (ca. 60 g)
½ kleiner säuerlicher Apfel (z. B. Elstar)
2 Vollkorn-Dinkelbrötchen (ca. 120 g)
125 g geräuchertes Forellenfilet (ohne Haut)
½ Beet Kresse

Für 2 Personen
25 Min. Zubereitung

Nährwert pro Portion:

440 kcal
30 g Eiweiß
20 g Fett
35 g Kohlenhydrate

1 Die Sonnenblumenkerne in einer Pfanne ohne Fett bei mittlerer Hitze in ca. 5 Min. goldbraun rösten. Herausnehmen und abkühlen lassen.

2 Den Quark in einer Schüssel mit dem Leinöl, Meerrettich und Zitronensaft cremig rühren, mit Salz und Pfeffer würzen. Die Möhre schälen, den Apfel waschen, vierteln und entkernen. Beides auf der Gemüsereibe grob raspeln. Die Raspel mit Küchenpapier leicht ausdrücken, dann unter die Quarkmischung rühren.

3 Die Brötchen quer aufschneiden und auf dem Toaster rösten. Beide Hälften mit dem Möhren-Apfel-Quark bestreichen und mit Sonnenblumenkernen bestreuen. Die Forellenfilets schräg in ca. 2 cm breite Stücke schneiden und daraufsetzen. Zum Servieren die Kresse vom Beet schneiden, waschen und trocken schütteln. Jedes Brötchen mit etwas Kresse garnieren.

TIPP:

Achten Sie beim Kauf von Räucherforelle auf gute Qualität. Sie sollte aus europäischer Aquakultur oder aus einem Ihnen bekannten regionalen Zuchtbetrieb vor Ort stammen. Übrigens: Wenn Sie Rohkost nicht gut vertragen und mit Blähungen oder Durchfall reagieren, dünsten Sie Möhren und Äpfel am besten vorher in 2 TL Butter. So bleibt ein Maximum an Nährstoffen erhalten. Der Darm kann die Mahlzeit leichter verdauen, weil bereits beim Erhitzen die Zellwände zerstört werden.

GUT ZUM
MITNEHMEN

FRÜHLINGSGEMÜSE

mit Dinkel und Löwenzahn

250 g Möhren (mit Grün)
1 junger Kohlrabi (ca. 300 g)
100 g Zuckerschoten
1 Frühlingszwiebel
1 EL Rapsöl
500 ml Gemüsebrühe
125 g Dinkel-wie-Reis (parboiled; aus dem Bioladen)
1 EL Pinienkerne
80 g Baby-Blattspinat
80 g junger Löwenzahn (ersatzweise Radicchio oder Rucola)
60 g Frischkäse (mind. 20 % Fett i.Tr.)
Salz | Pfeffer
½ TL abgeriebene Bio-Zitronenschale
½ TL Johannisbrotkernmehl

Für 2 Personen
40 Min. Zubereitung

Nährwert pro Portion:

- 445 kcal
- 20 g Eiweiß
- 13 g Fett
- 57 g Kohlenhydrate

1 Die Möhren schälen, dabei das Grün bis auf 1 cm entfernen. Dann längs halbieren oder vierteln und schräg in ca. 4 cm breite Stücke schneiden. Den Kohlrabi putzen, schälen, halbieren und in dünne Spalten schneiden. Die Zuckerschoten putzen, waschen und schräg halbieren. Die Frühlingszwiebel putzen, waschen und schräg in 3–4 cm breite Stücke schneiden.

2 Das Öl in einem großen Topf erhitzen und Möhren und Kohlrabi darin bei mittlerer Hitze 2–3 Min. andünsten. Mit 150 ml Brühe ablöschen, alles aufkochen und zugedeckt ca. 10 Min. garen. Dabei nach ca. 7 Min. Zuckerschoten und Frühlingszwiebel hinzufügen.

3 Inzwischen die übrige Brühe in einem Topf erhitzen und den Dinkel darin einmal aufkochen. Dann offen bei mittlerer Hitze nach Packungsanweisung so lange garen, bis die Flüssigkeit verdampft ist. Die Pinienkerne in einer Pfanne ohne Fett bei mittlerer Hitze in ca. 5 Min. goldbraun rösten. Herausnehmen und abkühlen lassen.

4 Spinat und Löwenzahn verlesen, waschen und trocken schleudern, dabei grobe Stiele entfernen, die Blätter grob hacken. Frischkäse mit Salz, Pfeffer, Zitronenschale und Johannisbrotkernmehl verrühren und unter das Gemüse ziehen. Spinat und Löwenzahn unter das Gemüse mischen und in 1–2 Min. zusammenfallen lassen, mit Salz und Pfeffer würzen. Zum Servieren das Gemüseragout mit dem Dinkel anrichten und mit den Pinienkernen bestreuen.

FÖRDERT DIE
VERDAUUNG

ZOODLES MIT SPINAT-PESTO

je 1 gelber und grüner Zucchino | 20 g Cashewkerne | 60 g Vollkorn-Spaghetti | Salz | 100 g Baby-Blattspinat | 1 Knoblauchzehe | 40 ml Olivenöl | 1 EL Cashewmus | Pfeffer | 50 g fettarmer Schafskäse (z. B. Feta; mind. 20 % Fett i.Tr.)

Für 2 Personen | 25 Min. Zubereitung

1 Zucchini putzen, waschen und mit dem Spiralschneider in lange Streifen schneiden. Cashews in einer Pfanne ohne Fett in ca. 5 Min. goldbraun rösten, herausnehmen und grob hacken. Spaghetti nach Packungsanweisung in Salzwasser bissfest garen. Kurz vor Garzeitende die Zucchininudeln dazugeben und ca. 1 Min. mitgaren.

2 Inzwischen Spinat verlesen, waschen und trocken schleudern, dabei grobe Stiele entfernen. Den Knoblauch schälen und fein würfeln. Beides mit dem Öl und dem Cashewmus im Blitzhacker fein pürieren. Das Pesto mit Salz und Pfeffer würzen, die Cashewkerne unterrühren.

3 Alle Nudeln in ein Sieb abgießen und abtropfen lassen, dabei etwas Kochwasser auffangen. Zwei Drittel des Pestos unter die Nudeln mischen und bei Bedarf 2–3 EL Kochwasser dazugeben, damit alles schön cremig wird. Die Zoodles auf Teller verteilen, den Feta darüberbröckeln und das übrige Pesto dazu servieren.

Nährwert pro Portion:

490 kcal | 33 g Fett
18 g Eiweiß | 32 g Kohlenhydrate

BROKKOLI-NUDEL-FRITTATA

80 g Vollkorn-Hörnchennudeln | Salz | 300 g Brokkoliröschen | 1 Knoblauchzehe | 2 EL Olivenöl | Pfeffer | 4 Eier (M) | 50 g Kochsahne (15 % Fett) | 30 g geriebener Parmesan | 400 g Kirschtomaten | 3 Stiele Petersilie | 1 EL Aceto balsamico

Für 2 Personen | 30 Min. Zubereitung | 15 Min. Garen

1 Den Backofen auf 180° vorheizen. Die Nudeln nach Packungsanweisung in Salzwasser bissfest garen. In ein Sieb abgießen, kalt abschrecken und gut abtropfen lassen. Inzwischen den Brokkoli waschen und putzen, große Röschen kleiner schneiden. Den Knoblauch schälen und fein würfeln.

2 In einer ofenfesten Pfanne Nudeln, Brokkoli und Knoblauch in 1 EL Öl bei mittlerer Hitze 4–5 Min. unter Rühren braten, mit Salz und Pfeffer würzen. Eier, Sahne und Käse verquirlen, über die Nudelmischung gießen und alles bei niedriger Hitze ca. 3 Min. stocken lassen. Dann die Frittata im Ofen (Mitte) in 10–15 Min. fertiggaren.

3 Inzwischen die Tomaten waschen und halbieren. Die Petersilie waschen, trocken schütteln, die Blätter abzupfen und fein hacken. Essig, 2 EL Wasser, Salz, Pfeffer und übriges Öl verrühren. Tomaten und Petersilie untermischen. Zum Servieren die Frittata mit dem Tomatensalat anrichten.

Nährwert pro Portion:

580 kcal | 32 g Fett
33 g Eiweiß | 37 g Kohlenhydrate

BUDDHA BOWL mit gegrilltem Tofu

200 g Tofu
2 EL Sojasauce (z. B. Tamari)
1 EL geröstetes Sesamöl
½ EL Chilisauce
1 EL Rapsöl
125 g Natur-Reis
Salz
100 g grüne Bohnen
50 g Radicchio
100 g Kirschtomaten
2 TL schwarzer Sesam
1 EL Goldleinsamen

Für 2 Personen
1 Std. Zubereitung
1 Std. Marinieren
5 Min. Grillen

Nährwert pro Portion:

490 kcal
20 g Eiweiß
21 g Fett
52 g Kohlenhydrate

1 Den Tofu ca. 1,5 cm groß würfeln. Die Sojasauce mit Sesamöl, Chilisauce und Öl in einer Schale verrühren. Den Tofu darin wenden und ca. 1 Std. marinieren.

2 Inzwischen den Reis in der 2,5-fachen Menge (ca. 375 ml) kochendem Salzwasser nach Packungsanweisung in 30–35 Min. bissfest garen. Dann abgießen, abtropfen und ca. 10 Min. abkühlen lassen.

3 Währenddessen die Bohnen putzen, waschen und in kochendem Salzwasser in 7–8 Min. bissfest garen. In ein Sieb abgießen, kalt abschrecken und abtropfen lassen. Den Radicchio putzen, waschen und in dünne Streifen schneiden. Die Tomaten waschen und halbieren. Den Sesam in einer Pfanne ohne Fett bei mittlerer Hitze ca. 5 Min. rösten. Herausnehmen und abkühlen lassen.

4 Den Backofengrill vorheizen. Den Tofu aus der Marinade nehmen, trocken tupfen und rundum im Leinsamen wälzen. Auf ein Backblech legen und im Ofen (oben) in 4–5 Min. goldbraun grillen, dabei zwischendurch wenden. Die übrige Marinade mit 4 EL Wasser in einem kleinen Topf aufkochen und ca. 3 Min. einkochen lassen.

5 Zum Servieren den Reis mit der Hälfte der eingekochten Marinade mischen und auf Bowls (Schalen) verteilen. Anschließend Bohnen, Radicchio, Tomaten und Tofu locker darauf anrichten. Alles mit der übrigen Marinade beträufeln und mit dem Sesam bestreuen.

Fernöstlich leicht mit Reis, knack-frischem Gemüse und mariniertem Tofu mit Leinsamenbiss. In die Schüssel kommt alles, was satt und topfit macht – hübsch sortiert und sesamwürzig getoppt.

VOLLKORN-RISOTTO mit Spargel

20 g Pinienkerne | 450–500 ml Gemüsebrühe | 1 Schalotte | 1 Knoblauchzehe | 3 Zweige Thymian | 2 EL Olivenöl | 100 g Natur-Rundkornreis | 300 g grüner Spargel | Salz | Pfeffer | 30 g geriebener Parmesan

Für 2 Personen | 1 Std. Zubereitung

1 Die Pinienkerne in einer Pfanne ohne Fett bei mittlerer Hitze in ca. 5 Min. goldbraun rösten. Herausnehmen und abkühlen lassen. Die Gemüsebrühe erhitzen.

2 Schalotte und Knoblauch schälen und fein würfeln. Thymian waschen, trocken schütteln, Blätter abzupfen und fein hacken. Schalotte, Knoblauch und Thymian in 1 EL Öl in einem großen Topf bei mittlerer Hitze ca. 2 Min. dünsten. Reis dazugeben und kurz mitdünsten. 50 ml heiße Brühe dazugießen und einkochen lassen. Nach und nach die übrige Brühe dazugießen und den Reis offen bissfest garen. Das dauert 35–40 Min., dabei ab und zu umrühren.

3 Inzwischen den Spargel waschen und im unteren Drittel schälen, holzige Enden abschneiden. Spargel längs halbieren, in ca. 3 cm lange Stücke schneiden. In einer Pfanne im übrigen Öl bei mittlerer Hitze 3–4 Min. braten, salzen und pfeffern. Mit dem Parmesan zum Risotto geben, auf Teller verteilen, mit Pinienkernen bestreuen.

Nährwert pro Portion:

435 kcal	22 g Fett
13 g Eiweiß	43 g Kohlenhydrate

PELLKARTOFFELN mit Paprikaquark

300 g kleine festkochende Kartoffeln (z. B. Drillinge) | Salz | 75 g Snack-Paprika (am besten bunte) | 5 Stiele Schnittlauch | 1 Stiel Basilikum | 125 g Quark (20 % Fett i.Tr.) | 125 g Magerquark | ½ TL abgeriebene Bio-Zitronenschale | 1 EL Olivenöl | Pfeffer | 1 TL edelsüßes Paprikapulver

Für 2 Personen | 35 Min. Zubereitung

1 Die Kartoffeln gründlich waschen und in einem Topf mit Salzwasser bedecken. Zugedeckt aufkochen und bei mittlerer Hitze in ca. 20 Min. weich garen.

2 Inzwischen die Paprika waschen, halbieren, die weißen Trennwände und Kerne entfernen und die Hälften fein würfeln. Schnittlauch und Basilikum waschen und trocken schütteln, den Schnittlauch in feine Röllchen schneiden, die Basilikumblätter abzupfen und fein hacken.

3 Beide Quarksorten mit Zitronenschale und Öl mit einem Schneebesen verrühren. Mit Salz, Pfeffer und Paprikapulver würzen. Die Paprikawürfel, zwei Drittel vom Schnittlauch und das Basilikum unterrühren.

4 Zum Servieren die Kartoffeln abgießen, kurz ausdampfen lassen und nach Belieben pellen. Mit dem Paprikaquark anrichten und mit übrigem Schnittlauch bestreuen.

Nährwert pro Portion:

275 kcal | 9 g Fett
20 g Eiweiß | 28 g Kohlenhydrate

PILZRAGOUT mit Polenta-Schnitten

375 ml Gemüsebrühe
100 g Instant-Polenta (Maisgrieß)
½ EL Butter
Salz | Pfeffer
1 kleine Zwiebel
1 kleine Knoblauchzehe
1 kleine Knolle Fenchel (ca. 200 g)
200 g gemischte Pilze (z. B. Champignons, Kräuterseitlinge, Pfifferlinge)
100 g Kirschtomaten
2 EL Olivenöl
½ EL gehackter Thymian
½ TL Vollkorn-Dinkelmehl
50 g Schmand (24 % Fett)
Öl für das Brett

Für 2 Personen
1 Std. Zubereitung
1 Std. Abkühlen

Nährwert pro Portion:

- 505 kcal
- 10 g Eiweiß
- 30 g Fett
- 48 g Kohlenhydrate

1 Ein sauberes Küchenbrett mit Öl einfetten. 300 ml Brühe in einem Topf aufkochen. Die Polenta einstreuen und zugedeckt bei niedriger Hitze unter Rühren in ca. 10 Min. ausquellen lassen. Die Butter unterrühren, Polenta mit Salz und Pfeffer würzen und ca. 1 cm hoch auf dem Küchenbrett verstreichen, ca. 1 Std. auskühlen lassen.

2 Inzwischen Zwiebel und Knoblauch schälen und fein würfeln. Den Fenchel putzen, waschen, längs vierteln und in feine Streifen schneiden, das Grün fein hacken und zum Garnieren beiseitestellen. Die Pilze putzen, bei Bedarf mit einem Tuch abreiben und in Scheiben schneiden. Die Tomaten waschen und halbieren.

3 In einer großen Pfanne 1 EL Öl erhitzen und Zwiebel und Knoblauch darin glasig dünsten. Fenchel, Pilze und Thymian dazugeben und alles bei starker Hitze noch 3–4 Min. garen, bis die Flüssigkeit vollständig eingekocht ist. Mit Mehl bestäuben und kurz andünsten. Übrige Brühe und Schmand dazugeben und alles ca. 3 Min. köcheln lassen. Mit Salz und Pfeffer abschmecken, warm halten.

4 Die abgekühlte Polentaplatte in Rechtecke (ca. 5 × 7 cm) schneiden. Übriges Öl in einer großen beschichteten Pfanne erhitzen und die Polenta-Schnitten darin portionsweise bei mittlerer Hitze auf jeder Seite in 2–3 Min. goldbraun braten.

5 Zum Servieren die Tomaten unter die Pilze mischen und mit den Polenta-Schnitten auf Tellern anrichten, mit dem gehackten Fenchelgrün garnieren.

SONNTAGS-
ESSEN

Möhren und Petersilienwurzeln mit Bulgur, Harissa und Haferflocken gemixt und knusprig gebraten machen ordentlich was her – und mit der aromatischen Tomatensauce rundum glücklich und zufrieden.

BULGUR-BULETTEN

mit Auberginen-Tomaten-Sugo

½ TL Harissa (scharfe Würzpaste)
Salz | Pfeffer
75 g Bulgur
1 Möhre (ca. 75 g)
100 g Petersilienwurzel
1 Ei (M)
2 EL zarte Haferflocken
1 EL Kichererbsenmehl
1 Aubergine (ca. 300 g)
1 kleine rote Zwiebel
1 Knoblauchzehe
4 EL Olivenöl
200 g stückige Tomaten (aus der Dose)
50 ml Gemüsebrühe
1 TL getrockneter Oregano
4 Stiele Koriandergrün

Für 2 Personen
1 Std. Zubereitung
30 Min. Ruhen

Nährwert pro Portion:

505 kcal
16 g Eiweiß
26 g Fett
49 g Kohlenhydrate

1 In einem Topf 100 ml Wasser mit Harissa, ½ TL Salz und ¼ TL Pfeffer aufkochen. Bulgur einrühren und einmal aufkochen, dann zugedeckt bei niedriger Hitze ca. 10 Min. quellen lassen, bis die Flüssigkeit vollständig aufgesogen ist. Vom Herd nehmen und ca. 10 Min. abkühlen lassen.

2 Inzwischen Möhre und Petersilienwurzel schälen und auf der Gemüsereibe fein raspeln. Mit Ei, Haferflocken und Kichererbsenmehl zur Bulgurmasse geben und alles kräftig kneten, bis eine formbare Masse entstanden ist. Zugedeckt ca. 30 Min. ruhen lassen.

3 Die Aubergine putzen, waschen und in ca. 1 cm große Würfel schneiden, salzen und ca. 10 Min. ziehen lassen. Währenddessen Zwiebel und Knoblauch schälen und in feine Würfel schneiden. In einem Topf 1 EL Öl erhitzen, die Auberginenwürfel trocken tupfen und darin ca. 3 Min. anbraten. Herausnehmen und beiseitestellen.

4 Dann Zwiebel und Knoblauch in 1 EL Öl anbraten, die Auberginen wieder dazugeben. Tomaten, Brühe und Oregano hinzufügen, alles aufkochen und zugedeckt bei niedriger Hitze ca. 10 Min. schmoren. Mit Salz und Pfeffer würzen.

5 Aus der Bulgurmasse mit angefeuchteten Händen 6 Buletten formen und in einer großen beschichteten Pfanne im übrigen Öl bei mittlerer Hitze in 5–6 Min. auf beiden Seiten goldbraun braten. Koriander waschen, trocken schütteln, Blätter abzupfen und fein hacken. Zum Servieren Buletten und Sugo auf Teller verteilen und mit Koriander bestreuen.

ROTE-BETE-GNOCCHI mit Walnüssen

200 g Rote Bete
30 g geriebener Parmesan
80 g Quark (20 % Fett i.Tr.)
80 g Magerquark
1 Eigelb (M)
Salz | Pfeffer
50 g Buchweizenmehl
40 g Dinkelmehl (Type 630)
1 EL Olivenöl
1 EL Rapsöl
½ EL Butter
20 g Walnusskerne
20 g frischer Meerrettich
1 EL gehackte Petersilie
Dinkelmehl zum Arbeiten

Für 2 Personen
1 Std. Zubereitung
1 Std. 30 Min. Garen
30 Min. Abkühlen

Nährwert pro Portion:

555 kcal
26 g Eiweiß
30 g Fett
44 g Kohlenhydrate

1 Den Backofen auf 200° vorheizen. Rote Bete waschen, ungeschält in eine Auflaufform setzen und im Ofen (Mitte) 1–1,5 Std. garen. Herausnehmen und ca. 30 Min. abkühlen lassen, dann schälen.

2 Inzwischen den Parmesan, beide Quarksorten, Eigelb, 1 TL Salz und Pfeffer mit den Rührbesen des Handrührgeräts verrühren. 50 g Rote Beten fein reiben (dabei am besten Einweghandschuhe tragen!) und in einem Sieb ausdrücken. Dann mit Buchweizen- und Dinkelmehl gut unter die Quarkmasse arbeiten. Den Teig auf der bemehlten Arbeitsfläche zu einem ca. 2 cm dicken Quadrat formen und in ca. 2 cm große Würfel schneiden. Jeden Würfel mit den Händen zu einer Kugel formen und leicht flach drücken.

3 Den Backofen auf 100° vorheizen. In einem Topf reichlich Salzwasser aufkochen und die Gnocchi darin portionsweise kurz aufkochen. Sobald sie an die Oberfläche steigen, noch 1–2 Min. ziehen lassen. Mit einer Schaumkelle herausheben, abtropfen lassen und in einer ofenfesten Schüssel im Ofen warm halten.

4 Übrige Rote Beten klein würfeln. Olivenöl, Rapsöl und Butter in einer großen beschichteten Pfanne erhitzen. Die Nüsse grob hacken und in der Pfanne bei mittlerer Hitze 2–3 Min. rösten. Rote-Bete-Würfel und Gnocchi dazugeben und 3–4 Min. erwärmen, mit Salz und Pfeffer würzen.

5 Zum Servieren den Meerrettich schälen und fein reiben. Die Gnocchi auf Teller verteilen und mit der Petersilie und dem Meerrettich bestreuen.

AUCH FÜR
GÄSTE

MINESTRONE mit Quinoa

1 Möhre | 1 dünne Stange Lauch | ½ Kohlrabi (ca. 125 g) | 1 kleine weiße Zwiebel | 1 Knoblauchzehe | 3 Zweige Thymian | 2 EL Olivenöl | 50 g Quinoa | 200 g stückige Tomaten (aus der Dose) | 500 ml Gemüsebrühe | 120 g weiße Bohnen (aus der Dose) | Salz | Pfeffer | 1 EL gehackte Petersilie | 20 g geriebener Parmesan

Für 2 Personen | 30 Min. Zubereitung

1 Möhre, Lauch und Kohlrabi putzen und waschen bzw. schälen. Möhre und Kohlrabi in ca. 1 cm große Würfel, Lauch in dünne Ringe schneiden. Zwiebel und Knoblauch schälen und fein würfeln. Thymian waschen, trocken schütteln, Blätter abzupfen.

2 Das Öl in einem Topf erhitzen und Möhre, Lauch, Kohlrabi, Zwiebel und Knoblauch mit dem Thymian darin bei mittlerer Hitze ca. 4 Min. unter Rühren anbraten. Quinoa in einem Sieb kalt abbrausen und abtropfen lassen, dann zum Gemüse geben und ca. 2 Min. mitdünsten.

3 Tomaten und Brühe dazugeben, alles aufkochen und offen bei mittlerer Hitze ca. 15 Min. köcheln lassen. Bohnen in einem Sieb abbrausen und abtropfen lassen, zur Suppe geben und ca. 5 Min. mitgaren. Zum Servieren die Minestrone mit Salz und Pfeffer würzen. Auf tiefe Teller verteilen und mit Petersilie und Parmesan bestreuen.

Nährwert pro Portion:

325 kcal	15 g Fett
14 g Eiweiß	30 g Kohlenhydrate

BORSCHTSCH mit Räuchertofu

250 g Rote Bete | 1 rote Zwiebel | 2 EL Rapsöl | Salz | Pfeffer | 300 g Sauerkraut (aus der Dose) | 600 ml Gemüsebrühe | 200 g Rosenkohl | 100 g Räuchertofu | ½ Bund Dill | 75 g saure Sahne (10 % Fett)

Für 2 Personen | 45 Min. Zubereitung

1 Die Roten Beten putzen, schälen und ca. 2 cm groß würfeln (dabei am besten Einweghandschuhe tragen!). Zwiebel schälen, halbieren und in Halbringe schneiden.

2 In einem Topf 1 EL Öl erhitzen und die Roten Beten darin bei mittlerer Hitze in 3–4 Min. anbraten. Zwiebel dazugeben und kurz mitbraten. Mit Salz und Pfeffer würzen. Das Sauerkraut hinzufügen und die Brühe dazugießen. Alles aufkochen und zugedeckt bei mittlerer Hitze ca. 25 Min. garen.

3 Inzwischen den Rosenkohl putzen, waschen und je nach Größe halbieren oder vierteln. Nach ca. 25 Min. Garzeit zum Eintopf geben und alles noch ca. 10 Min. garen. Den Tofu ca. 1 cm groß würfeln und in einer Pfanne im übrigen Öl bei mittlerer Hitze 2–3 Min. anbraten.

4 Zum Servieren den Dill waschen, trocken schütteln, die Spitzen abzupfen und fein hacken. Den Eintopf mit Salz und Pfeffer abschmecken, auf tiefe Teller verteilen und mit Dill und Tofu bestreuen. Jeweils 1 Klecks saure Sahne daraufsetzen.

Nährwert pro Portion:

340 kcal	19 g Fett
18 g Eiweiß	17 g Kohlenhydrate

RATATOUILLE

mit gebackenem Ziegenkäse

1 Ei (M)
½ EL Vollkorn-Dinkelmehl
20 g Vollkorn-Semmelbrösel
2 Ziegenfrischkäsetaler (à ca. 40 g)
1 kleiner Zucchino (ca. 150 g)
je 1 kleine rote und gelbe Paprika | 150 g Aubergine
1 kleine rote Zwiebel
1 Knoblauchzehe
3 Zweige Thymian
1 Zweig Rosmarin
3 EL Olivenöl
Salz | Pfeffer
60 ml Gemüsebrühe
2 TL Tomatenmark
2 EL gehacktes Basilikum
Außerdem:
1 Bratschlauch (ca. 50 cm)

Für 2 Personen
40 Min. Zubereitung
45 Min. Garen

Nährwert pro Portion:

- 410 kcal
- 14 g Eiweiß
- 31 g Fett
- 18 g Kohlenhydrate

1 Das Ei in einem tiefen Teller verquirlen. Mehl und Semmelbrösel jeweils ebenfalls auf tiefe Teller geben. Käsetaler im Mehl wenden, abklopfen, dann im Ei wenden und in den Bröseln wälzen. Panade gut andrücken, kühl stellen.

2 Den Backofen auf 200° vorheizen. Gemüse je nach Sorte putzen und waschen bzw. schälen: Den Zucchino längs halbieren und in ca. 1 cm breite Scheiben schneiden. Von den Paprika weiße Trennwände und Kerne entfernen, dann ca. 1,5 cm groß würfeln. Die Aubergine längs vierteln und in ca. 1,5 cm dicke Stücke schneiden. Die Zwiebel schälen, halbieren und in dünne Halbringe schneiden. Den Knoblauch schälen und in dünne Scheiben schneiden. Thymian und Rosmarin waschen, trocken schütteln, die Blätter bzw. Nadeln abzupfen und fein hacken.

3 Kräuter mit 2 EL Öl, Salz und Pfeffer verrühren und Gemüse, Zwiebel und Knoblauch untermischen. Gemüse-Mix in den Bratschlauch füllen. Brühe und Tomatenmark verrühren, dazugießen und den Bratschlauch verschließen. Auf den Ofenrost setzen und an der Oberseite mit einem spitzen Messer einstechen. Im Ofen (unten) ca. 45 Min. garen.

4 Inzwischen das übrige Öl in einer beschichteten Pfanne erhitzen und die Käsetaler darin auf jeder Seite 2–3 Min. hell braten. Herausnehmen und auf Küchenpapier abtropfen lassen. Zum Servieren den gefüllten Bratschlauch aus dem Ofen nehmen und aufschneiden (Achtung, heißer Dampf entweicht!). Das Ratatouille mit den Käsetalern auf Tellern anrichten und mit Basilikum bestreuen.

GESUNDES
DREAM-
TEAM

Kumpir heißt die türkische Version der Ofenkartoffel, die hier vegetarisch serviert und lecker kombiniert wird – mit Kräuter-Knoblauch-Quark und pikanter Paprika-Tomaten-Salsa.

VEGGIE
EIWEISSQUELLE

BACKKARTOFFELN

auf türkische Art

2 große mehligkochende Kartoffeln (à 250–300 g)
Salz
1 Knoblauchzehe
½ Bund Petersilie
125 g Magerquark
75 g Quark (20 % Fett i.Tr.)
1 TL Zitronensaft
Pfeffer
1 Fleischtomate (ca. 200 g)
1 gelbe Spitzpaprika
10 grüne Oliven (entsteint; ca. 50 g)
2 grüne Peperoni (in Lake eingelegt)
2 EL Olivenöl

Für 2 Personen
30 Min. Zubereitung
1 Std. Backen

Nährwert pro Portion:

410 kcal
21 g Eiweiß
15 g Fett
47 g Kohlenhydrate

1 Den Backofen auf 200° vorheizen. Ein Backblech mit Backpapier belegen. Die Kartoffeln gründlich waschen und in einem Topf mit Salzwasser bedeckt 10–15 Min. vorgaren. Abgießen und kurz ausdampfen lassen. Dann Kartoffeln auf dem Blech im Ofen (Mitte) – je nach Größe – 45–60 Min. backen, bis die Schale eine hellbraune Farbe hat.

2 Inzwischen den Knoblauch schälen und fein würfeln. Die Petersilie waschen, trocken schütteln, die Blätter abzupfen und fein hacken. Den Knoblauch und zwei Drittel der Petersilie mit beiden Quarksorten verrühren. Mit Zitronensaft, Salz und Pfeffer würzen.

3 Die Tomate waschen und in ca. 1 cm große Würfel schneiden, dabei Stielansatz und Kerne entfernen. Paprika waschen, längs halbieren, weiße Trennwände und Kerne entfernen und die Hälften klein würfeln. Oliven und Peperoni in dünne Scheiben schneiden. Tomate, Paprika, Oliven und Peperoni mischen, mit Salz und Pfeffer würzen.

4 Zum Servieren die Kartoffeln aus dem Ofen nehmen, oben längs aufschneiden und auseinanderklappen. Das Innere mit einer Gabel auflockern und mit je 1 EL Olivenöl beträufeln. Die Hälfte des Kräuterquarks auf die Kartoffeln geben und die Gemüsemischung darauf verteilen. Mit der übrigen gehackten Petersilie bestreuen. Den restlichen Kräuterquark dazu reichen.

OFENGEMÜSE mit Joghurt und Ei

¼ kleiner Hokkaido-Kürbis (ca. 200 g)
1 rote Paprika
½ Blumenkohl (ca. 400 g)
1 kleine rote Zwiebel
150 g Joghurt (1,5 % Fett)
1 TL Tomatenmark
1 TL Harissa (scharfe Würzpaste)
½ TL gemahlener Kreuzkümmel
Salz | Pfeffer
2 Eier (M)
½ Bund Koriandergrün

Für 2 Personen
20 Min. Zubereitung
42 Min. Garen

Nährwert pro Portion:

- 255 kcal
- 17 g Eiweiß
- 9 g Fett
- 27 g Kohlenhydrate

1 Den Backofen auf 200° vorheizen. Den Kürbis waschen und entkernen, erst in ca. 1,5 cm breite Spalten, dann quer in Stücke schneiden. Die Paprika waschen, halbieren, weiße Trennwände und Kerne entfernen und die Hälften ebenfalls in grobe Stücke schneiden. Den Blumenkohl putzen, waschen und in Röschen teilen. Die Zwiebel schälen und in dünne Spalten schneiden.

2 Joghurt, Tomatenmark, Harissa, Kreuzkümmel, Salz und Pfeffer in einer großen Schüssel verrühren. Das Gemüse mit der Hälfte der Joghurtsauce mischen und auf einer Hälfte eines Backblechs verteilen. Im Ofen (unten) ca. 35 Min. garen, dabei zwischendurch wenden.

3 Das Gemüse herausnehmen und die Backofentemperatur auf 180° reduzieren. Mit einem Löffel zwei Mulden in das Gemüse drücken und die Eier vorsichtig hineinsetzen. Das Blech zurück in den Ofen (Mitte) schieben, das Gemüse in 5–7 Min. fertiggaren, bis das Eiweiß der Eier vollständig gestockt, aber das Eigelb noch weich ist.

4 Inzwischen den Koriander waschen, trocken schütteln und die Blätter abzupfen. Zum Servieren das Ofengemüse mit den Eiern aus dem Ofen nehmen, anrichten und mit Koriander bestreuen. Übrige Joghurtsauce dazu reichen.

TIPP:

Statt Hokkaido-Kürbis können Sie auch Butternuss- oder Muskat-Kürbis verwenden. Nehmen Sie von diesen Sorten etwas mehr (ca. 300 g), da man sie vor dem Garen schälen muss. Beim Hokkaido kann man die Schale mitessen.

GESUNDER
ORIENT-
GENUSS

FEIN IM
WINTER

Bunte GEMÜSE-QUICHE

250 g Vollkorn-Dinkelmehl
½ TL getrockneter Thymian
Salz | 75 g kalte Butter
200 g saure Sahne
1 rote Zwiebel
3 Möhren (ca. 200 g)
200 g Pastinaken
1 Stange Lauch
2 EL Olivenöl | Pfeffer
3 Eier (M)
250 ml Milch (1,5 % Fett)
geriebene Muskatnuss
80 g geriebener Bergkäse
2 EL Sonnenblumenkerne
Außerdem:
Fett für die Form
Mehl zum Arbeiten
ca. 250 g Hülsenfrüchte

Für 1 Quiche-Form
(24 cm Ø ; 6 Stücke)
45 Min. Zubereitung
30 Min. Kühlen
45 Min. Backen

Nährwert pro Stück:

- 495 kcal
- 18 g Eiweiß
- 29 g Fett
- 38 g Kohlenhydrate

1 Die Form einfetten. Mehl, Thymian und 1 TL Salz in einer Rührschüssel mischen. Kalte Butter in Würfeln, 50 g saure Sahne und 5 EL kaltes Wasser dazugeben und alles erst mit den Rührbesen des Handrührgeräts, dann mit den Händen rasch glatt verkneten. Den Teig auf der bemehlten Arbeitsfläche zu einem Kreis (ca. 26 cm Ø) ausrollen und die Form damit auskleiden, dabei einen ca. 2 cm hohen Rand formen. Ca. 30 Min. kühl stellen.

2 Inzwischen den Backofen auf 200° vorheizen. Zwiebel schälen, halbieren und in dünne Halbringe schneiden. Möhren und Pastinaken schälen und auf der Gemüsereibe grob raspeln. Lauch putzen, längs halbieren, waschen und in dünne Halbringe schneiden. Öl in einer Pfanne erhitzen und die Zwiebel darin bei mittlerer Hitze glasig dünsten. Möhren, Pastinaken und Lauch ca. 5 Min. mitdünsten, salzen und pfeffern, dann vom Herd nehmen.

3 Boden mehrmals einstechen, einen Bogen Backpapier darauflegen und mit Hülsenfrüchten beschweren. Im Ofen (Mitte) ca. 15 Min. vorbacken. Herausnehmen, Backpapier und Hülsenfrüchte entfernen. Eier, übrige saure Sahne und Milch verquirlen, mit Salz, Pfeffer und Muskatnuss würzen. Gemüse-Mix und Käse untermischen. Alles auf dem Boden verteilen und mit den Kernen bestreuen. Quiche im Ofen (Mitte) in ca. 30 Min. goldbraun backen. Herausnehmen und kurz abkühlen lassen, dann in Stücke schneiden.

TIPP:

Zuviel Luft im Bauch? Dann streichen Sie Zwiebel und Lauch und erhöhen die Möhren und Pastinaken um je 100 g.

LACHSFORELLE IM PÄCKCHEN

mit Mangold

20 g Pinienkerne
300 g Lachsforellenfilet (ohne Haut)
Salz | Pfeffer
400 g Mangold
1 Schalotte
1 kleine Knoblauchzehe
30 g getrocknete Tomaten (in Öl eingelegt)
1 Zweig Rosmarin
2 EL Olivenöl
1 EL Zitronensaft
4 Scheiben Vollkorn-Baguette (ca. 80 g)

Für 2 Personen
30 Min. Zubereitung
20 Min. Garen

Nährwert pro Portion:

- 530 kcal
- 38 g Eiweiß
- 29 g Fett
- 27 g Kohlenhydrate

1 Die Pinienkerne in einer Pfanne ohne Fett bei mittlerer Hitze in ca. 5 Min. goldbraun rösten. Herausnehmen und abkühlen lassen. Das Fischfilet halbieren und rundum mit Salz und Pfeffer würzen. Den Mangold putzen, waschen, die Stiele in ca. 5 mm dünne Streifen schneiden, die Blätter in ca. 1 cm breite Streifen schneiden. Schalotte und Knoblauch schälen und fein würfeln. Die Tomaten abtropfen lassen und grob schneiden. Den Rosmarin waschen, trocken schütteln und samt Stielen in Stücke schneiden.

2 Den Backofen auf 200° vorheizen. 1 EL Öl in einer Pfanne erhitzen und Mangoldstiele, Schalotte, Knoblauch und Tomaten darin bei mittlerer Hitze 2–3 Min. andünsten, salzen und pfeffern. 50 ml Wasser dazugießen, alles aufkochen und zugedeckt ca. 3 Min. dünsten. Die Mangoldblätter dazugeben und zugedeckt in ca. 1 Min. zusammenfallen lassen.

3 Zwei Bögen Backpapier (à ca. 30 × 40 cm) auf die Arbeitsfläche legen. Je die Hälfte vom Mangold-Mix daraufgeben und mit ½ EL Öl beträufeln. Je 1 Fischstück darauflegen, mit Pinienkernen und Rosmarin bestreuen, mit übrigem Öl und dem Zitronensaft beträufeln. Das Papier über der Füllung zusammenfalten, an den Enden wie Bonbons zusammendrehen und mit Küchengarn fest zubinden.

4 Die Päckchen auf ein Backblech setzen und im Ofen (Mitte) ca. 20 Min. garen. Herausnehmen, auf Teller setzen und vorsichtig öffnen (Achtung, heißer Dampf entweicht!). Mit Baguette servieren.

MEDITERRANE
PÄCKCHEN

GEDÄMPFTER KABELJAU

auf Gemüse und Kartoffeln

250 g kleine festkochende Kartoffeln (z. B. Drillinge)
Salz
2 Kabeljaufilets (à ca. 150 g; ohne Haut)
Pfeffer
1 kleine Knolle Fenchel (ca. 200 g)
125 g Möhren
1 dünne Stange Lauch
4 Stiele Dill
200 ml Gemüsebrühe
60 g Sahne

Für 2 Personen
30 Min. Zubereitung

Nährwert pro Portion:

- 330 kcal
- 32 g Eiweiß
- 10 g Fett
- 27 g Kohlenhydrate

1 Die Kartoffeln gründlich waschen und in einem Topf mit Salzwasser bedecken. Zugedeckt aufkochen und bei mittlerer Hitze in ca. 20 Min. weich garen.

2 Inzwischen die Kabeljaufilets rundum mit Salz und Pfeffer würzen. Fenchel und Möhren putzen und waschen bzw. schälen und in feine Streifen schneiden. Den Lauch putzen, längs halbieren, waschen und in dünne Halbringe schneiden. Den Dill waschen, trocken schütteln, die Spitzen von 2 Stielen abzupfen, hacken und zum Garnieren beiseitelegen, den übrigen Dill ganz lassen.

3 Die Gemüsestreifen in einem Dämpfeinsatz verteilen, leicht mit Salz und Pfeffer würzen. Die Fischfilets nebeneinander darauflegen und mit den ganzen Dillstielen belegen. In einem passenden Topf die Brühe aufkochen, den Dämpfeinsatz hineinstellen und den Deckel auflegen. Alles aufkochen und bei mittlerer Hitze ca. 10 Min. dämpfen.

4 Währenddessen den Backofen auf 50° vorheizen. Den Dämpfeinsatz aus dem Topf nehmen, Fisch und Gemüse im Ofen warm halten. Die Sahne zum Dämpfsud gießen und bei mittlerer bis starker Hitze etwa auf die Hälfte einkochen lassen. Mit Salz und Pfeffer abschmecken.

5 Zum Servieren die Kartoffeln abgießen und kurz ausdampfen lassen. Mit dem Gemüse auf Teller verteilen und den Fisch darauf anrichten. Alles mit der Sauce überziehen und mit dem gehackten Dill garnieren.

AROMATISCH
UND SAFTIG

THUNFISCH mit Kartoffelgemüse

300 g kleine Pellkartoffeln (vom Vortag) | 3–4 Artischockenherzen (aus der Dose; ca. 120 g) | 1 kleiner gelber Zucchino (ca. 150 g) | 50 g Schalotten | 1 Knoblauchzehe | 2 Zweige Rosmarin | 2 kleine Tomaten | 3 EL Olivenöl | Salz | Pfeffer | 2 Thunfischsteaks (à ca. 100 g)

Für 2 Personen | 30 Min. Zubereitung

1 Die Kartoffeln pellen und in grobe Stücke schneiden. Artischocken abtropfen lassen und vierteln. Zucchino putzen, waschen, längs vierteln und in ca. 3 cm lange Stücke schneiden. Schalotten schälen, halbieren und längs in Streifen schneiden. Knoblauch schälen und fein würfeln. Den Rosmarin waschen, trocken schütteln, die Nadeln abzupfen und grob hacken. Tomaten waschen und vierteln, dabei die Stielansätze entfernen.

2 In einer großen Pfanne 2 EL Öl erhitzen und die Kartoffeln darin bei mittlerer Hitze in ca. 5 Min. goldbraun braten. Artischocken, Zucchino, Schalotten, Knoblauch und Rosmarin dazugeben und 2–3 Min. mitbraten. Tomaten hinzufügen, mit Salz und Pfeffer würzen und noch ca. 2 Min garen.

3 Inzwischen den Thunfisch waschen, trocken tupfen, pfeffern und mit dem übrigen Öl bestreichen. Eine Grillpfanne stark erhitzen und die Thunfischsteaks darin auf jeder Seite ca. 2 Min. braten, salzen. Dann mit dem Kartoffelgemüse servieren.

Nährwert pro Portion:

490 kcal | 31 g Fett
27 g Eiweiß | 25 g Kohlenhydrate

MEERESFRÜCHTE-PASTA mit Rucola

160 g Vollkorn-Spaghetti | Salz | 200 g gemischte TK-Meeresfrüchte | 250 g bunte Kirschtomaten | 1 Knoblauchzehe | 50 g Rucola | 3 EL Olivenöl | Pfeffer
Für 2 Personen | 30 Min. Zubereitung

1 Die Nudeln nach Packungsanweisung in Salzwasser bissfest garen.

2 Inzwischen die Meeresfrüchte in einem Sieb lauwarm abbrausen, abtropfen lassen und trocken tupfen. Die Tomaten waschen und halbieren. Den Knoblauch schälen und in feine Würfel schneiden. Den Rucola verlesen, waschen und trocken schleudern, dabei grobe Stiele entfernen.

3 Das Öl in einer großen beschichteten Pfanne erhitzen und die Meeresfrüchte darin bei mittlerer Hitze unter Wenden in ca. 6 Min. rundum anbraten. Die Tomaten und den Knoblauch dazugeben und noch ca. 2 Min. mitbraten.

4 Die Nudeln in ein Sieb abgießen und abtropfen lassen, dann mit der Hälfte des Rucolas unter die Meeresfrüchte-Gemüse-Mischung heben. Alles mit Salz und Pfeffer abschmecken. Zum Servieren die Pasta auf tiefe Teller verteilen und mit dem übrigen Rucola garnieren.

Nährwert pro Portion:

510 kcal	19 g Fett
29 g Eiweiß	56 g Kohlenhydrate

GEGRILLTE MAKRELEN

mit Kartoffel-Bohnen-Salat und Pfifferlingen

2 Makrelen (à ca. 350 g; küchenfertig)
Salz | Pfeffer
2 Knoblauchzehen
1 EL gehackter Thymian
1 TL abgeriebene Bio-Zitronenschale
3 EL Olivenöl
300 g festkochende Kartoffeln
2 Schalotten
2 EL milder Weißweinessig
125 ml Gemüsebrühe
125 g grüne Bohnen
150 g Pfifferlinge
1 kleine rote Paprika
1 EL gehackte Petersilie
½ EL gehacktes Bohnenkraut

Für 2 Personen
1 Std. Zubereitung
20 Min. Grillen

Nährwert pro Portion:

565 kcal
35 g Eiweiß
34 g Fett
27 g Kohlenhydrate

1 Den Backofengrill vorheizen. Die Fische innen und außen waschen, trocken tupfen, die Haut mehrmals schräg einschneiden. Fische innen und außen salzen und pfeffern. Knoblauch schälen und in dünne Scheiben schneiden. Thymian, Zitronenschale und 1 EL Öl mischen, Fische innen und außen damit bestreichen und mit Knoblauch füllen.

2 Die Kartoffeln gründlich waschen und in einem Topf mit Salzwasser bedeckt 25–30 Min. garen. Die Schalotten schälen, fein würfeln und in einem Topf in 1 EL Öl glasig dünsten. Essig und Brühe dazugießen, salzen und pfeffern. Die Kartoffeln abgießen und kurz ausdampfen lassen. Noch warm pellen und in Scheiben schneiden, mit der Essigbrühe übergießen und ziehen lassen.

3 Die Bohnen putzen, waschen und schräg halbieren. In Salzwasser 6–7 Min. blanchieren, in ein Sieb abgießen, kalt abschrecken und abtropfen lassen. Die Pilze putzen, bei Bedarf abreiben und grob schneiden. Die Paprika waschen, vierteln, weiße Trennwände und Kerne entfernen und die Viertel in feine Streifen schneiden.

4 Die Makrelen unter dem Backofengrill (ca. 20 cm Abstand zu den Grillstäben) 15–20 Min. grillen, dabei zwischendurch wenden. Die Pilze in einer Pfanne in 1 EL Öl bei starker Hitze ca. 5 Min. braten, die Paprika ca. 2 Min. mitbraten. Vom Herd nehmen. Petersilie, Bohnenkraut, Bohnen und Pilz-Mix mit dem Kartoffelsalat mischen, salzen und pfeffern. Zum Servieren die Makrelen aus dem Ofen nehmen und mit dem Kartoffelsalat servieren.

REICH AN
OMEGA-3-
FETTSÄUREN

LOW-CARB-
KNÜLLER

ÜBERBACKENER FISCH

mit Rahmspinat

20 g Mandeln
30 g geriebener Parmesan
1 EL Vollkorn-Semmelbrösel
1 TL getrockneter Thymian
Salz | Pfeffer
10 g weiche Butter
4 Seelachsfilets
(à ca. 100 g; ohne Haut)
1 Schalotte
1 Knoblauchzehe
500 g Baby-Blattspinat
1 EL Olivenöl
100 g saure Sahne
75 ml Gemüsebrühe
2 TL Vollkorn-Dinkelmehl
geriebene Muskatnuss
2 TL Zitronensaft
1 TL Bio-Zitronenzesten
Öl für die Form

Für 2 Personen
30 Min. Zubereitung
20 Min. Garen

Nährwert pro Portion:

- 565 kcal
- 53 g Eiweiß
- 32 g Fett
- 15 g Kohlenhydrate

1 Den Backofen auf 200° vorheizen. Eine rechteckige Auflaufform (ca. 30 × 18 cm) einfetten. Die Mandeln hacken und mit Parmesan, Semmelbröseln, Thymian, ½ TL Salz, Pfeffer und Butter mit den Händen zu Streuseln verkneten. Die Seelachsfilets rundum mit Salz und Peffer würzen. Nebeneinander in die Form legen und mit den Streuseln bestreuen. Im Ofen (unten) ca. 20 Min. garen.

2 Inzwischen Schalotte und Knoblauch schälen und fein würfeln. Spinat verlesen, waschen und trocken schleudern, dabei grobe Stiele entfernen. Das Öl in einer großen beschichteten Pfanne erhitzen und Schalotte und Knoblauch darin bei mittlerer Hitze glasig dünsten.

3 Saure Sahne, Brühe und Mehl verrühren und dazugießen. Alles aufkochen und bei mittlerer Hitze ca. 3 Min. einkochen lassen, mit Salz, Pfeffer, Muskatnuss und Zitronensaft würzen. Spinat dazugeben und zugedeckt 3–4 Min. zusammenfallen lassen.

4 Zum Servieren den Fisch aus dem Ofen nehmen und mit dem Rahmspinat auf Teller verteilen, mit den Zitronenzesten bestreuen.

ANTI-FETTLEBER-TIPP:

Es lohnt sich, mehr grünes Blattgemüse wie Spinat, Rucola oder Salat zu essen. Denn sie sind eine gute pflanzliche Quelle für die alpha-Linolensäure, eine Vorstufe der gesunden Omega-3-Fettsäuren – und zudem reich an Vitaminen und Mineralstoffen.

GARNELEN-BULETTEN

mit Joghurt-Koriander-Dip

300 g rohe geschälte Garnelen (küchenfertig)
2 Frühlingszwiebeln
1 grüne Chilischote
1 Knoblauchzehe
1 Bund Koriandergrün
Salz | Pfeffer
½ Bio-Limette
100 g griech. Joghurt (10 % Fett)
1 EL helles Sesamöl
250 g Tomaten
1 EL Olivenöl

Für 2 Personen
1 Std. Zubereitung

Nährwert pro Portion:

- 330 kcal
- 32 g Eiweiß
- 17 g Fett
- 8 g Kohlenhydrate

1 Die Garnelen waschen, trocken tupfen und grob hacken. Portionsweise im Blitzhacker zu einer gleichmäßigen Farce verarbeiten, dann zugedeckt kühl stellen.

2 Inzwischen die Frühlingszwiebeln putzen, waschen und fein würfeln. Die Chilischote waschen, längs halbieren, weiße Trennwände und Kerne entfernen und die Hälften fein würfeln. Den Knoblauch schälen und fein würfeln. Das Koriandergrün waschen, trocken schütteln, die Blätter abzupfen und fein hacken.

3 Zwei Drittel der Frühlingszwiebeln mit Chili, Knoblauch und der Hälfte des Korianders unter die Garnelenfarce mischen, mit Salz und Pfeffer würzen. Aus der Masse mit angefeuchteten Händen 6 Buletten formen und kühl stellen.

4 Für den Dip die Limette heiß waschen, abtrocknen und die Schale fein abreiben, dann 2 TL Limettensaft auspressen. Beides mit dem Joghurt und dem restlichen Koriandergrün verrühren, mit Salz und Pfeffer würzen. Das Sesamöl in einer großen beschichteten Pfanne erhitzen und die Buletten darin auf jeder Seite in ca. 4 Min. goldbraun braten.

5 Inzwischen die Tomaten waschen und quer in Scheiben schneiden, dabei die Stielansätze entfernen. Dann auf Tellern leicht überlappend anrichten, mit den übrigen Frühlingszwiebeln bestreuen und leicht mit Salz und Pfeffer würzen. Zum Servieren die Tomaten mit Olivenöl beträufeln und die Buletten daraufsetzen, den Dip dazu reichen.

FÜR GÄSTE
UND FESTE

KNUSPRIG
TRIFFT CREMIG

GEBRATENER HERING

mit Romanesco-Püree

1 Romanesco (ca. 600 g)
1 Knoblauchzehe
1 EL Rapsöl
Salz | Pfeffer
100 ml Gemüsebrühe
150 g Kirschtomaten
4 frische »grüne« Heringe (à ca. 125 g; küchenfertig)
3 Zweige Thymian
1 Stiel Estragon
1 EL Zitronensaft
2 EL Olivenöl
1 EL Vollkorn-Weizenmehl
2 EL Joghurt (3,5 % Fett)
½ Bund Petersilie
einige Bio-Zitronenspalten (nach Belieben)

Für 2 Personen
45 Min. Zubereitung

Nährwert pro Portion:

565 kcal
37 g Eiweiß
40 g Fett
13 g Kohlenhydrate

1 Den Romanesco putzen, waschen und in Röschen teilen. Den Knoblauch schälen und fein würfeln. Das Rapsöl in einem Topf erhitzen und Romanesco und Knoblauch darin bei mittlerer Hitze 2–3 Min. andünsten. Mit Salz und Pfeffer würzen. Die Brühe dazugießen und alles zugedeckt bei mittlerer Hitze ca. 15 Min. garen.

2 Inzwischen die Tomaten waschen. Die Heringe waschen und trocken tupfen. Thymian und Estragon waschen, trocken schütteln, die Blätter abzupfen und fein hacken. Die Kräuter mit Salz, Pfeffer und Zitronensaft mischen und die Fische damit innen und außen bestreichen.

3 Das Olivenöl in einer großen Pfanne erhitzen. Heringe rundum im Mehl wälzen und in der Pfanne in 8–10 Min. auf beiden Seiten goldbraun braten. Tomaten nach 4–5 Min. dazugeben und mitgaren. Währenddessen Romanesco vom Herd nehmen, Joghurt hinzufügen und alles im Topf mit dem Pürierstab fein pürieren. Mit Salz und Pfeffer abschmecken.

4 Zum Servieren die Petersilie waschen, trocken schütteln, die Blätter abzupfen und fein hacken. Die Heringe mit Püree und Tomaten anrichten und mit Petersilie bestreuen. Nach Belieben Zitronenspalten dazu reichen.

ANTI-FETTLEBER-TIPP:

Omega-3-Fettsäuren aus fettreichen Meeresfischen wie Hering, Makrele, Lachs und Thunfisch wirken antientzündlich, erhöhen die Fettverbrennung und senken die Lipogenese, also den Aufbau von Depotfett, in der Leber.

SESAMLACHS auf Gurkengemüse

2 Lachsfilets (à ca. 125 g; ohne Haut)
Salz | Pfeffer
1 EL heller Sesam
1 rote Zwiebel
1 Knoblauchzehe
1 Salatgurke
½ rote Chilischote
2 EL Olivenöl
2 TL mildes Currypulver
250 ml Gemüsebrühe
120 g Kichererbsen (aus der Dose)
20 g dunkles Tahin (Sesampaste)
2 TL Zitronensaft
½ Bund Petersilie

Für 2 Personen
30 Min. Zubereitung

Nährwert pro Portion:

- 560 kcal
- 32 g Eiweiß
- 37 g Fett
- 23 g Kohlenhydrate

1 Die Lachsfilets mit Salz und Pfeffer würzen und rundum im Sesam wenden. Zwiebel und Knoblauch schälen und getrennt fein würfeln. Die Gurke waschen, streifig schälen, längs halbieren und entkernen. Die Gurkenhälften in ca. 1,5 cm breite Stücke schneiden. Die Chilischote waschen, längs halbieren, weiße Trennwände und Kerne entfernen und die Hälften sehr klein würfeln.

2 In einem großen Topf 1 EL Öl erhitzen und die Zwiebel darin bei mittlerer Hitze glasig dünsten. Knoblauch, Gurken und Chili dazugeben und 2–3 Min. mitdünsten. Alles mit Currypulver bestäuben und noch kurz dünsten. Die Brühe dazugießen, alles mit Salz und Pfeffer würzen und zugedeckt bei niedriger Hitze noch 8–10 Min. garen.

3 Inzwischen das übrige Öl in einer beschichteten Pfanne erhitzen und den Lachs darin bei mittlerer bis starker Hitze auf jeder Seite ca. 2 Min. anbraten. Danach bei mittlerer Hitze noch 5–6 Min. garen, dabei vorsichtig wenden.

4 Inzwischen die Kichererbsen in einem Sieb kurz abbrausen und abtropfen lassen. Mit dem Tahin unter das Gurkengemüse mischen und alles mit Zitronensaft, Salz und Pfeffer abschmecken.

5 Zum Servieren die Petersilie waschen, trocken schütteln, die Blätter abzupfen und fein hacken. Die Lachsfilets auf dem Gurkengemüse anrichten und mit Petersilie bestreuen.

MIT
ORIENTALISCHEM
AROMA

EIN
VOLLWERTIGER
FANG

KÜRBIS-FISCH-TOPF mit Natur-Reis

40 g Natur-Reis
Salz
200 g Butternuss-Kürbis
100 g Möhren
2 Schalotten
1 Knoblauchzehe
100 g Zucchini
75 g grüne Bohnen
75 g TK-Erbsen
1 EL Olivenöl
500 ml Gemüsebrühe
200 g Rotbarschfilet (ohne Haut)
Pfeffer
½ EL Zitronensaft
1 EL gehackte Petersilie
50 g Frischkäse (mind. 20 % Fett i.Tr.)
50 g Kochsahne (15 % Fett)

Für 2 Personen
45 Min. Zubereitung

Nährwert pro Portion:

- 405 kcal
- 30 g Eiweiß
- 15 g Fett
- 35 g Kohlenhydrate

1 Den Reis nach Packungsanweisung in Salzwasser bissfest garen. Dann in ein Sieb abgießen und abtropfen lassen.

2 Inzwischen den Kürbis schälen, entkernen und in ca. 1,5 cm große Würfel schneiden. Die Möhren schälen und in dünne Scheiben schneiden. Die Schalotten schälen und in dünne Ringe schneiden. Den Knoblauch schälen und in dünne Scheiben schneiden. Die Zucchini putzen, waschen und in ca. 2 cm große Stücke schneiden. Die Bohnen putzen, waschen und schräg halbieren oder dritteln. Die Erbsen antauen lassen.

3 Kürbis, Möhren, Schalotten und Knoblauch in einem großen Topf im Öl bei mittlerer Hitze ca. 3 Min. dünsten. Die Brühe dazugießen und alles aufkochen. Reis, Zucchini und Bohnen dazugeben, alles zugedeckt bei mittlerer Hitze noch ca. 7 Min. garen. Das Rotbarschfilet in ca. 3 cm große Stücke schneiden, rundum mit Salz, Pfeffer und Zitronensaft würzen und mit der Petersilie bestreuen.

4 Frischkäse und Sahne in die Suppe rühren, Fisch und Erbsen dazugeben und alles zugedeckt bei niedriger Hitze noch ca. 6 Min. garen. Zum Servieren den Eintopf mit Salz und Pfeffer abschmecken und auf tiefe Teller verteilen.

ANTI-FETTLEBER-TIPP:

Essen Sie mindestens zweimal pro Woche Fisch – am besten fettreiche (wie Hering, Lachs, Makrele und Thunfisch) im Wechsel mit mageren Fischarten (wie Seezunge, Rotbarsch und Kabeljau). Auch fettarme Sorten enthalten hochwertige Omega-3-Fettsäuren mit gefäßschützender Wirkung.

GRÜNE SPARGEL-PIZZA mit Lachs

Für den Teig:
150 g Vollkorn-Weizenmehl
Salz
10 g frische Hefe (1/4 Würfel)
2 TL Olivenöl
Mehl zum Bestäuben und Arbeiten

Für den Belag:
250 g grüner Spargel
1 EL Olivenöl
50 g TK-Erbsen
125 g Lachsfilet (ohne Haut)
50 g Baby-Blattspinat
100 g griech. Joghurt (5 % Fett)
20 g geriebener Parmesan
Salz | Pfeffer
1/2 TL abgeriebene Bio-Zitronenschale

Für 2 Personen
45 Min. Zubereitung
1 Std. Gehen
15 Min. Backen

Nährwert pro Portion:

515 kcal
37 g Eiweiß
18 g Fett
52 g Kohlenhydrate

1 Für den Teig das Mehl und 1/2 TL Salz in einer Schüssel mischen. Hefe zerbröckeln und in 90 ml lauwarmen Wasser auflösen, mit dem Öl zum Mehl geben und alles mit den Knethaken des Handrührgeräts gut verkneten.

2 Den Teig mit etwas Mehl bestäuben und zugedeckt an einem warmen Ort ca. 1 Std. gehen lassen, bis er sein Volumen verdoppelt hat. Den Backofen auf 220° vorheizen. Ein Backblech mit Backpapier belegen.

3 Inzwischen für den Belag den Spargel waschen, im unteren Drittel schälen, holzige Enden abschneiden. Den Spargel schräg in ca. 2 cm breite Stücke schneiden. Dann in einer Pfanne im Öl bei mittlerer Hitze ca. 3 Min. anbraten. Vom Herd nehmen und die Erbsen untermischen.

4 Das Lachsfilet in kleine Stücke schneiden. Den Spinat verlesen, waschen und trocken schleudern, dabei grobe Stiele entfernen. Zwei Drittel des Spinats fein hacken und mit Joghurt und Parmesan mischen, mit Salz, Pfeffer und Zitronenschale würzen.

5 Den Teig nochmals kurz durchkneten und halbieren. Jede Hälfte auf der leicht bemehlten Arbeitsfläche zu einem Fladen (ca. 20 cm Ø) ausrollen, nebeneinander auf das Blech legen. Jeweils mit der Hälfte der Spinat-Joghurt-Creme bestreichen und mit Spargel-Erbsen-Mix und Lachs belegen, zuletzt salzen und pfeffern.

6 Die Pizzen im Ofen (unten) ca. 15 Min. backen. Herausnehmen und zum Servieren mit übrigem Spinat belegen.

FEINES FÜR
GÄSTE

AROMA-HIT
AUS DEM OFEN

SPARGELPÄCKCHEN mit Hähnchen

2 Hähnchenbrustfilets (à ca. 180 g)
Salz | Pfeffer
6 Zweige Thymian
4 EL Olivenöl
125 ml Hühnerbrühe
500 g weißer Spargel
2 Möhren
1 junger Kohlrabi
1 Handvoll Kerbel

Für 2 Personen
25 Min. Zubereitung
25 Min. Garen

Nährwert pro Portion:

475 kcal
49 g Eiweiß
24 g Fett
16 g Kohlenhydrate

1 Den Backofen auf 200° vorheizen. Die Hähnchenfilets mit Salz und Pfeffer würzen. Den Thymian waschen, trocken schütteln, die Blätter abzupfen und fein hacken.

2 In einer Pfanne 2 EL Öl erhitzen und das Fleisch darin rundum bei starker Hitze ca. 2 Min. braun anbraten, herausnehmen und beiseitestellen. Den Thymian in den Bratensatz geben und kurz andünsten. Die Brühe dazugießen und kurz aufkochen, dann ebenfalls beiseitestellen.

3 Den Spargel schälen und die holzigen Enden abschneiden. Den Spargel in ca. 4 cm lange Stücke schneiden. Die Möhren schälen und schräg in ca. 3 cm lange Stücke schneiden. Den Kohlrabi schälen und ca. 1,5 cm groß würfeln. Spargel, Möhren und Kohlrabi in einer Schüssel mit Salz, Pfeffer und übrigem Öl mischen.

4 Zwei Bögen Backpapier (à ca. 40 × 30 cm) auf die Arbeitsfläche legen. Je die Hälfte des Gemüse-Mix' darauf verteilen und mit dem Sud aus der Pfanne beträufeln. Je 1 Hähnchenfilet daraufsetzen. Das Papier über der Füllung zusammenfalten, an den Enden wie Bonbons zusammendrehen und mit Küchengarn fest zubinden. Die Päckchen auf ein Backblech setzen und im Ofen (Mitte) ca. 25 Min. garen.

5 Inzwischen den Kerbel waschen, trocken schütteln und die Blätter abzupfen. Die Päckchen aus dem Ofen nehmen, auf Teller setzen und vorsichtig öffnen (Achtung, heißer Dampf entweicht!). Mit dem Kerbel bestreut servieren. Dazu passen pro Person ca. 200 g kleine Pellkartoffeln.

SPITZKOHL-HÄHNCHEN-PASTA

250 g Hähnchenbrustfilet
250 g Spitzkohl
1 rote Paprika
3 Frühlingszwiebeln
100 g Vollkorn-Tagliatelle
Salz
2 EL Olivenöl
Pfeffer
50 ml Gemüsebrühe
60 g Crème légère (15 % Fett)
½ TL edelsüßes Paprikapulver
2 EL Schnittlauchröllchen

Für 2 Personen
35 Min. Zubereitung

Nährwert pro Portion:

- 495 kcal
- 41 g Eiweiß
- 19 g Fett
- 40 g Kohlenhydrate

1 Das Fleisch in dünne Streifen schneiden. Den Spitzkohl putzen, waschen, den Strunk keilförmig herausschneiden, den Kohl in ca. 5 mm dünne Streifen schneiden. Die Paprika waschen, vierteln, weiße Trennwände und Kerne entfernen und die Viertel klein würfeln. Die Frühlingszwiebeln putzen, waschen und in dünne Ringe schneiden.

2 Die Nudeln nach Packungsanweisung in Salzwasser bissfest garen. Das Fleisch in einer großen Pfanne in 1 EL Öl bei mittlerer bis starker Hitze in 3–4 Min. unter Wenden hellbraun anbraten, salzen und pfeffern. Herausnehmen und beiseitestellen.

3 Spitzkohl, Paprika und Frühlingszwiebeln in der Pfanne im übrigen Öl bei mittlerer Hitze unter Wenden ca. 3 Min. anbraten, salzen und pfeffern. Die Brühe dazugießen, alles zugedeckt bei mittlerer Hitze ca. 5 Min. dünsten.

4 Die Nudeln in ein Sieb abgießen und abtropfen lassen, dabei ca. 100 ml Kochwasser auffangen und zum Gemüse geben. Hähnchen und Crème légère hinzufügen, alles mit Salz, Pfeffer und Paprikapulver abschmecken. Zuletzt die Nudeln untermischen und alles zugedeckt noch 2–3 Min. ziehen lassen. Zum Servieren die Pasta auf Teller verteilen und mit Schnittlauch bestreuen.

TIPP:

Spitzkohl ist deutlich besser verträglich und weniger blähend als andere Kohlsorten. Am besten vorsichtig an die Kohlfamilie herantasten und zuerst den kleinen, zarten Sommerspitzkohl probieren.

KNACK-
FRISCH
AUF DEN TISCH

SONNTAGS-
ESSEN

PUTENSCHNITZEL MIT PAPRIKA

und Selleriepüree

2 dünne Putenschnitzel (à ca. 120 g)
Salz | Pfeffer
4 Salbeiblätter
je 1 rote und grüne Paprika
1 kleine weiße Zwiebel
1 Knolle Sellerie (ca. 600 g)
3 EL Olivenöl
2 TL Butter
50 ml Milch (1,5 % Fett)
150 ml Gemüsebrühe
2 EL mildes Ajvar (Paprikapaste)
1 EL gehackte Petersilie
Außerdem:
4 Zahnstocher

Für 2 Personen
45 Min. Zubereitung

Nährwert pro Portion:

- 460 kcal
- 37 g Eiweiß
- 27 g Fett
- 16 g Kohlenhydrate

1 Die Schnitzel jeweils quer halbieren, salzen und pfeffern. Den Salbei waschen und trocken tupfen. Jedes Schnitzel mit 1 Salbeiblatt belegen und mit einem Zahnstocher fixieren. Paprika waschen, vierteln, weiße Trennwände und Kerne entfernen, Viertel in Streifen schneiden. Zwiebel schälen, halbieren und in dünne Halbringe schneiden.

2 Den Sellerie putzen, schälen und ca. 2 cm groß würfeln. In einem Topf 1 EL Öl und die Butter erhitzen und den Sellerie darin bei mittlerer Hitze ca. 3 Min. andünsten. Milch und 50 ml Brühe dazugießen, alles zugedeckt bei niedriger Hitze in ca. 20 Min. weich dünsten.

3 Inzwischen Paprika und Zwiebel in einem großen Topf in 1 EL Öl bei mittlerer Hitze ca. 3 Min. anbraten. Ajvar dazugeben und kurz mitbraten. Salzen und pfeffern, die übrige Brühe dazugießen und alles zugedeckt ca. 10 Min. schmoren. Restliches Öl in einer großen beschichteten Pfanne erhitzen und die Schnitzel darin bei mittlerer bis starker Hitze auf jeder Seite ca. 2 Min. anbraten. Zugedeckt auf dem abgeschalteten Herd noch ca. 5 Min. ziehen lassen.

4 Zum Servieren den Sellerie mit dem Pürierstab grob pürieren, salzen und pfeffern. Mit Schnitzel und Gemüse auf Teller verteilen und mit Petersilie bestreuen.

ANTI-FETTLEBER-TIPP:

Erhöhen Sie die Menge an grünen Paprika, wenn Sie kohlenhydratarm essen wollen. Denn die gelben und roten Schoten enthalten mehr Carbs.

KÜRBIS-LAUCH-CURRY

mit Schweinefilet

80 g Natur-Basmatireis
Salz
400 g Butternuss-Kürbis
1 Stange Lauch
1 Stück Ingwer (ca. 1 cm lang)
1 kleiner Zucchino (ca. 125 g)
200 g Champignons
250 g Schweinefilet
2 EL Rapsöl | 1 EL milde gelbe indische Currypaste
1 EL Tomatenmark
200 g stückige Tomaten (aus der Dose)
200 ml Gemüsebrühe
1 EL Limettensaft
Chiliflocken
½ Bund Koriandergrün
100 g griech. Joghurt (5 % Fett)

Für 2 Personen
40 Min. Zubereitung

Nährwert pro Portion:

555 kcal
44 g Eiweiß
19 g Fett
54 g Kohlenhydrate

1 Den Reis in einem Sieb kalt abbrausen, mit 200 ml leicht gesalzenem Wasser in einen Topf geben und zugedeckt nach Packungsanweisung bissfest garen.

2 Den Kürbis halbieren, schälen, entkernen und ca. 2 cm groß würfeln. Lauch putzen, gründlich waschen und schräg in ca. 2 cm breite Stücke schneiden. Ingwer schälen und fein würfeln. Zucchino putzen, waschen, längs vierteln und ebenfalls in ca. 2 cm breite Stücke schneiden. Pilze putzen, bei Bedarf mit einem Tuch abreiben und halbieren. Das Schweinefilet in ca. 1 cm dicke Scheiben schneiden.

3 In einem großen Topf 1 EL Öl erhitzen und die Currypaste darin bei mittlerer Hitze kurz andünsten. Kürbis, Lauch und Ingwer hinzufügen und 2–3 Min. mitdünsten. Tomatenmark, stückige Tomaten und Brühe dazugeben, salzen. Alles aufkochen und zugedeckt bei mittlerer Hitze ca. 15 Min. garen.

4 Inzwischen in einer großen Pfanne das übrige Öl erhitzen und das Fleisch darin portionsweise in 3–4 Min. auf beiden Seiten hellbraun anbraten. Herausnehmen, salzen.

5 Zucchino, Pilze und Fleisch zum Kürbis geben und das Curry zugedeckt noch ca. 5 Min. garen. Mit Salz, Limettensaft und Chiliflocken abschmecken. Das Koriandergrün waschen, trocken schütteln und die Blätter abzupfen.

6 Zum Servieren den Reis offen kurz ausdampfen lassen. Das Curry mit dem Reis auf Teller verteilen, jeweils mit 1 Klecks Joghurt garnieren und mit Koriander bestreuen.

MILD-SCHARFER
ASIA-
GENUSS

So einfach und gut! Brokkoli und Champignons spielen hier mit Italiens Aromen und gesellen sich mit Knoblauch und Rosmarin in leichter Tomatensauce zu saftig-zartem Rindfleisch.

FESTESSEN FÜR SONNTAGS

RINDERSTEAKS

mit Brokkoli-Pilz-Gemüse

250 g Brokkoli
100 g Champignons
100 g Egerlinge
1 rote Zwiebel
1 Knoblauchzehe
1 Zweig Rosmarin
300 g Rinderfilet
2 EL Olivenöl
1 TL Butter
Salz | Pfeffer
1 EL Tomatenmark
125 ml Gemüsebrühe
1 EL Crème légère (15 % Fett)
4 Scheiben Vollkorn-Baguette

Für 2 Personen
40 Min. Zubereitung
12 Min. Garen

Nährwert pro Portion:

465 kcal
43 g Eiweiß
21 g Fett
26 g Kohlenhydrate

1 Den Backofen auf 150° vorheizen. Den Brokkoli putzen, waschen und in Röschen teilen, die Stiele schälen und klein würfeln. Die Pilze putzen, bei Bedarf mit einem Tuch abreiben und in dicke Scheiben schneiden. Zwiebel und Knoblauch schälen und fein würfeln. Rosmarin waschen, trocken schütteln, die Nadeln abzupfen und fein hacken.

2 Das Rinderfilet in 2 Scheiben schneiden. 1 EL Öl und Butter in einer großen Pfanne erhitzen und die Steaks darin bei mittlerer bis starker Hitze in 2–3 Min. rundum anbraten, mit Salz und Pfeffer würzen. Aus der Pfanne nehmen, in eine ofenfeste Form legen und im Ofen (unten) noch 10–12 Min. garen. Dann herausnehmen, in Alufolie wickeln und ca. 5 Min. ruhen lassen.

3 Inzwischen das übrige Öl im Bratsatz in der Pfanne erhitzen und den Brokkoli darin bei mittlerer Hitze unter Wenden ca. 4 Min. anbraten, mit Salz und Pfeffer würzen. Brokkoli herausnehmen und beiseitestellen.

4 Die Pilze im restlichen Bratfett anbraten. Zwiebel, Knoblauch, Rosmarin und Tomatenmark dazugeben und kurz mitbraten. Die Brühe dazugießen und alles bei mittlerer Hitze 2–3 Min. einkochen lassen.

5 Zuletzt die Crème légère einrühren und den Brokkoli wieder untermischen, mit Salz und Pfeffer abschmecken. Zum Servieren die Rindersteaks mit dem Brokkoli-Pilz-Gemüse auf Teller verteilen. Das Baguette dazu reichen.

CHICORÉE-RINDFLEISCH-WOK

3 Rinder-Minutensteaks (à ca. 80 g)
1 Stück Ingwer (ca. 2 cm lang)
1 Knoblauchzehe
2 EL Sojasauce (z. B. Tamari)
1 EL geröstetes Sesamöl
150 g Möhren
2 Frühlingszwiebeln
100 g Zuckerschoten
1 Chicorée (ca. 200 g)
2 EL Rapsöl
125 ml Gemüsebrühe
1/4 TL Johannisbrotkernmehl
Salz | Pfeffer
80 g Soja-Fettuccine (100 % Sojabohne; z. B. von Multinorm / Aldi)

Für 2 Personen
40 Min. Zubereitung

Nährwert pro Portion:

- 515 kcal
- 47 g Eiweiß
- 25 g Fett
- 20 g Kohlenhydrate

1 Die Steaks in ca. 5 mm dünne Streifen schneiden. Ingwer und Knoblauch schälen, fein würfeln und mit Sojasauce und Sesamöl in einer flachen Schüssel verrühren. Die Fleischstreifen darin wenden und zugedeckt beiseitestellen.

2 Die Möhren schälen, längs halbieren und schräg in dünne Scheiben schneiden. Die Frühlingszwiebeln putzen, waschen und schräg in ca. 3 cm breite Stücke schneiden. Die Zuckerschoten putzen, waschen und schräg halbieren. Den Chicorée putzen, waschen, längs halbieren und den Strunk keilförmig herausschneiden. Die Hälften quer in ca. 2 cm breite Streifen schneiden.

3 Im Wok oder in einer großen Pfanne 1 EL Öl erhitzen. Das Fleisch aus der Marinade nehmen, trocken tupfen und portionsweise im Wok bei starker Hitze unter Wenden in 2–3 Min. braun anbraten. Herausnehmen und warm halten.

4 Das übrige Öl im Wok erhitzen und Möhren und Frühlingszwiebeln darin ca. 3 Min. unter Rühren braten. Die Zuckerschoten dazugeben und weitere 2 Min. rührbraten. Den Chicorée dazugeben und noch ca. 1 Min. mitbraten. Übrige Marinade mit Brühe und Johannisbrotkernmehl verrühren und dazugießen. Das Fleisch unterheben und alles einmal aufkochen, mit Salz und Pfeffer abschmecken.

5 Inzwischen die Soja-Nudeln nach Packungsanweisung in Salzwasser 3–5 Min. garen. In ein Sieb abgießen und abtropfen lassen. Zum Servieren mit dem Chicorée-Rindfleisch-Wok auf Teller verteilen.

VITALSTOFFREICHER
ASIA-GENUSS

SCHMECKT WIE IN
ITALIEN

ROSMARINLAMMFILET

mit Linsengemüse

1 rote Zwiebel
200 g Möhren
150 g Petersilienwurzeln
2 Stangen Staudensellerie
2 EL Olivenöl
100 g Berglinsen
1 Lorbeerblatt
270 ml milde Gemüsebrühe
2 Knoblauchzehen
2 Zweige Rosmarin
4 Lammrückenfilets (à ca. 60 g)
Salz | Pfeffer
2 TL Butter
½ Bund Schnittlauch
1 EL Aceto balsamico

Für 2 Personen
35 Min. Zubereitung

Nährwert pro Portion:

- 500 kcal
- 41 g Eiweiß
- 20 g Fett
- 32 g Kohlenhydrate

1 Die Zwiebel schälen und fein würfeln. Möhren und Petersilienwurzeln schälen, längs halbieren und schräg in dünne Scheiben schneiden. Den Sellerie putzen, waschen und in dünne Scheiben schneiden.

2 In einem großen Topf 1 EL Öl erhitzen und die Zwiebel darin bei mittlerer Hitze glasig dünsten. Möhren, Petersilienwurzeln und Sellerie hinzufügen und ca. 2 Min. mitdünsten. Linsen und Lorbeer dazugeben und kurz mitdünsten. Die Brühe dazugießen, alles aufkochen und zugedeckt bei niedriger Hitze 20–25 Min. garen.

3 Inzwischen Knoblauch samt Schale leicht andrücken. Den Rosmarin waschen, trocken schütteln und die Nadeln abzupfen. Übriges Öl in der Pfanne erhitzen und die Filets mit Knoblauch und Rosmarin darin bei mittlerer bis starker Hitze ca. 2 Min. rundum braten, salzen und pfeffern. Butter dazugeben und zerlassen, Filets darin wenden. Dann herausnehmen, in Alufolie wickeln und ca. 5 Min. ruhen lassen.

4 Zum Servieren Schnittlauch waschen, trocken schütteln und in feine Röllchen schneiden. Die Linsen mit Essig, Salz und Pfeffer abschmecken und den Schnittlauch untermischen. Die Lammfilets mit den Linsen auf Tellern anrichten.

TIPP:

Linsen sind reich an leberschützenden Aminosäuren. Bei manchen Menschen können die Hülsenfrüchte aber den Stoffwechsel empfindlich stören. Wer sie nicht so gut verträgt, kann sie hier durch Natur-Reis oder Hirse ersetzen.

ENDIVIEN-GRAPEFRUIT-SALAT

mit Tofu-Dressing

¼ Endiviensalat (ca. 150 g)
125 g Staudensellerie
200 g kleine Kräuterseitlinge (ersatzweise Champignons)
1 kleine rosa Grapefruit
150 g Seidentofu
Salz | Pfeffer
1 Msp. Cayennepfeffer
1 EL Rapsöl
½ EL Walnussöl
2 EL Olivenöl

Für 2 Personen
35 Min. Zubereitung

Nährwert pro Portion:

- 285 kcal
- 11 g Eiweiß
- 20 g Fett
- 14 g Kohlenhydrate

1 Den Salat in Blätter teilen, putzen, waschen und trocken schleudern. Die Blätter quer in 2–3 cm breite Streifen schneiden. Den Sellerie putzen, waschen, das Grün beiseitelegen, die Stangen schräg in dünne Scheiben schneiden. Die Pilze putzen, bei Bedarf mit einem Tuch abreiben, je nach Größe längs halbieren oder vierteln und quer in 3–4 cm breite Stücke schneiden.

2 Die Grapefruit so schälen, dass die weiße Haut vollständig entfernt wird. Die Filets zwischen den Trennhäuten herausschneiden, dabei den austretenden Saft auffangen. Den Tofu mit 4 EL aufgefangenem Grapefruitsaft, Salz, Pfeffer und Cayennepfeffer in einen hohen Rührbecher geben und mit dem Pürierstab cremig pürieren. Raps- und Walnussöl nach und nach untermixen. Das Dressing in einer Salatschüssel mit Endivien, Sellerie und Grapefruitfilets vorsichtig mischen, auf Teller verteilen.

3 Die Pilze in einer großen Pfanne im Olivenöl portionsweise bei mittlerer bis starker Hitze in 3–4 Min. unter Wenden goldbraun braten, salzen und pfeffern. Herausnehmen und auf dem Salat anrichten. Zum Servieren das beiseitegelegte Selleriegrün grob zerzupfen und darüberstreuen.

ANTI-FETTLEBER-TIPP:

Seidentofu ist weich, glatt und cremig und damit ein perfekter veganer Ersatz für süße und saure Sahne in Saucen und Desserts – damit sparen Sie tierische Fette. Seidentofu liefert reichlich Eiweiß und Eisen, aber auch Kalzium und Magnesium. Und er ist cholesterinfrei.

VEGAN
KOMBINIERT

WASSERMELONENSALAT mit Feta

1 EL Kürbiskerne | 1 EL Sonnenblumenkerne | 1 EL Pinienkerne | 400 g Wassermelone | ½ Salatgurke (ca. 150 g) | 2 dünne Frühlingszwiebeln | 2 Stiele Minze | ½ EL Limettensaft | 1 EL Aceto balsamico bianco | Salz | Pfeffer | 1 EL Olivenöl | 75 g fettarmer Schafskäse (z. B. Feta; mind. 20 % Fett i. Tr.)

Für 2 Personen | 20 Min. Zubereitung

1 Kürbis-, Sonnenblumen- und Pinienkerne in einer Pfanne ohne Fett bei mittlerer Hitze in ca. 5 Min. goldbraun rösten. Herausnehmen und abkühlen lassen.

2 Die Melone schälen, entkernen und in ca. 2 cm große Würfel schneiden. Die Gurke waschen, streifig schälen, längs halbieren und entkernen. Die Gurkenhälften ebenfalls in ca. 2 cm große Würfel schneiden. Die Frühlingszwiebeln putzen, waschen und in dünne Ringe schneiden. Die Minze waschen, trocken schütteln, die Blätter abzupfen und grob hacken.

3 Limettensaft, Essig, Salz und Pfeffer mit dem Öl in einer Salatschüssel gründlich verrühren. Melone, Gurke, Frühlingszwiebeln, Minze und die Hälfte der Kerne vorsichtig im Dressing wenden.

4 Zum Servieren den Feta grob über den Salat bröckeln, alles auf Teller verteilen und mit den übrigen Kernen bestreuen.

Nährwert pro Portion:

265 kcal | 17 g Fett
12 g Eiweiß | 17 g Kohlenhydrate

GEMÜSE-CARPACCIO mit Ziegenkäse

1 junger Kohlrabi (ca. 250 g) | 2 Möhren (ca. 150 g) | 150 g Radieschen | 30 g Rucola | 2 EL Apfelessig | 5 EL Gemüsebrühe | Salz | Pfeffer | ½ TL mittelscharfer Senf | 4 EL Olivenöl | 15 g geschroteter Goldleinsamen | 2 Ziegenfrischkäsetaler (à ca. 40 g)
Für 2 Personen | 30 Min. Zubereitung

1 Kohlrabi, Möhren und Radieschen putzen und schälen bzw. waschen. Kohlrabi halbieren und quer in sehr dünne Scheiben hobeln oder schneiden. Möhren und Radieschen ebenfalls in sehr dünne Scheiben schneiden. Rucola verlesen, waschen und trocken schleudern, dabei grobe Stiele entfernen.

2 Für das Dressing Essig mit Brühe, Salz, Pfeffer, Senf und 3 EL Öl gründlich verrühren. Kohlrabi, Möhren und Radieschen vorsichtig mischen und auf Tellern leicht überlappend verteilen, den Rucola daraufsetzen und mit dem Dressing beträufeln.

3 Den Leinsamen auf einen Teller geben. Die Käsetaler rundum mit dem übrigen Öl bestreichen und im Leinsamen wenden. Zum Servieren auf das Carpaccio setzen.

TIPP:

Wenn Ihr Darm Rohkost nicht blähungsfrei verwerten kann, sollten Sie das Gemüse vorher in wenig Salzwasser 1–2 Min. dünsten. So wird es besser bekömmlich.

Nährwert pro Portion:

405 kcal	35 g Fett
12 g Eiweiß	9 g Kohlenhydrate

GRILLZUCCHINI mit Tomatensalat

4 Zweige Thymian | 2 Zucchini | 4 EL Olivenöl | Salz | Pfeffer | 1 EL Zitronensaft | 1 Frühlingszwiebel | 250 g bunte Kirschtomaten | 125 g Mini-Mozzarellakugeln light (mind. 20 % Fett i.Tr.) | 4 Stiele Basilikum
Für 2 Personen | 35 Min. Zubereitung

1 Den Thymian waschen und trocken schütteln, Blätter abzupfen und fein hacken. Die Zucchini putzen, waschen und auf der Gemüsereibe längs in ca. 5 mm dünne Scheiben hobeln oder schneiden. Dann in einer Schüssel mit 2 EL Öl, Thymian, Salz und Pfeffer mischen und kurz ziehen lassen.

2 Inzwischen in einer Salatschüssel Zitronensaft, Salz, Pfeffer und das übrige Öl verrühren. Die Frühlingszwiebel putzen, waschen und in dünne Ringe schneiden. Die Tomaten waschen und halbieren. Dann Frühlingszwiebel, Tomaten und Mozzarella in der Schüssel mit dem Dressing mischen. Das Basilikum waschen, trocken schütteln, die Blätter abzupfen und je nach Größe grob hacken oder ganz lassen, zuletzt unter den Salat mischen.

3 Eine Grillpfanne stark erhitzen und die Zucchinischeiben darin portionsweise auf jeder Seite ca. 2 Min. grillen. Herausnehmen und warm halten, mit Salz und Pfeffer würzen. Zum Servieren die Grillzucchini mit dem Salat auf Tellern anrichten.

Nährwert pro Portion:

345 kcal	26 g Fett
17 g Eiweiß	9 g Kohlenhydrate

ROTE-BETE-SALAT mit Feta

250 g gegarte Rote Bete (vakuumverpackt) | 2 EL Apfelessig | Salz | Pfeffer | 2 EL Olivenöl | 1 EL Walnussöl | 1 EL Walnusskerne | 1 kleine Birne (z. B. Forelle; ca. 100 g) | ¼ Bund Schnittlauch | 100 g fettarmer Schafskäse (z. B. Feta; mind. 20 % Fett i. Tr.)
Für 2 Personen | 20 Min. Zubereitung

1 Die Roten Beten abtropfen lassen, dabei 2 EL Saft auffangen. Rote Beten in ca. 5 mm dünne Scheiben schneiden (dabei am besten Einweghandschuhe tragen!). Rote-Bete-Saft mit Essig, Salz, Pfeffer, Oliven- und Walnussöl in einer Salatschüssel verrühren, die Roten Beten mit dem Dressing mischen und ziehen lassen.

2 Die Nüsse grob hacken und in einer Pfanne ohne Fett bei mittlerer Hitze in ca. 5 Min. goldbraun rösten. Herausnehmen und abkühlen lassen. Die Birne waschen, vierteln, entkernen und in ca. 5 mm große Würfel schneiden. Den Schnittlauch waschen, trocken schütteln und in feine Röllchen schneiden. Den Feta grob zerbröckeln.

3 Zum Servieren die Birnenwürfel und die Hälfte vom Schnittlauch unter den Rote-Bete-Salat mischen, mit Salz und Pfeffer abschmecken. Den Salat auf Schalen verteilen und mit Feta, Walnüssen und dem restlichen Schnittlauch bestreuen.

Nährwert pro Portion:

360 kcal	24 g Fett
14 g Eiweiß	22 g Kohlenhydrate

GEGRILLTE PAPRIKA mit Mandeln

1 rote Paprika
1 gelbe Paprika
1 grüne Paprika
½ Bio-Zitrone
2 EL Gemüsebrühe
Salz | Pfeffer
2 EL Olivenöl
2 Stiele Petersilie
30 g schwarze Oliven (z. B. Kalamata)
30 g Rauchmandeln
30 g Manchego (spanischer Hartkäse)
2 Stiele Basilikum

Für 2 Personen
35 Min. Zubereitung
10 Min. Grillen

Nährwert pro Portion:

- 350 kcal
- 10 g Eiweiß
- 30 g Fett
- 10 g Kohlenhydrate

1 Den Backofengrill vorheizen. Die Paprika waschen, halbieren, weiße Trennwände und Kerne entfernen. Die Hälften mit der Hautseite nach oben nebeneinander auf ein Backblech legen und im Ofen (oben) 8–10 Min. grillen, bis die Haut schwarz wird und Blasen wirft.

2 Inzwischen für die Marinade die Zitrone heiß waschen, abtrocknen und ½ TL Schale abreiben, dann den Saft auspressen. Zitronenschale und -saft mit Brühe, Salz und Pfeffer verrühren und das Öl unterschlagen. Die Petersilie waschen, trocken schütteln, die Blätter abzupfen, fein hacken und unter die Marinade mischen.

3 Die Paprika aus dem Ofen nehmen und mit einem feuchten Küchentuch bedeckt ca. 5 Min. abkühlen lassen. Dann die Haut mit einem kleinen Messer abziehen. Die Paprika längs in ca. 2 cm breite Streifen schneiden, auf einer Platte oder auf Teller verteilen und mit der Zitronenmarinade beträufeln. Die Oliven abtropfen lassen und mit den Mandeln auf den Paprika verteilen.

4 Zum Servieren den Käse mit dem Sparschäler in feine Späne hobeln. Das Basilikum waschen, trocken schütteln und die Blätter abzupfen. Die Paprikastreifen mit Käsespänen und Basilikum bestreuen.

TIPP:

Manchego ist ein spanischer Hartkäse aus Schafmilch, der pikant und leicht nussig schmeckt. Wenn er gerade nicht im Angebot ist, können Sie ihn auch durch Pecorino- oder Parmesankäse ersetzen.

TAPAS WIE IN
SPANIEN

LOW CARB
ORIENTAL

MÖHRENSALAT mit Sellerie-Hummus

400 g Bundmöhren (mit Grün)
4 EL Olivenöl
Salz
125 ml Gemüsebrühe
2 EL milder Weißweinessig
1 TL Harissa (scharfe Würzpaste)
Pfeffer
300 g Knollensellerie
100 g körniger Frischkäse (mind. 20 % Fett i.Tr.)
1 EL Tahin (Sesampaste)
1 TL gemahlener Kreuzkümmel
1 EL Zitronensaft
Chiliflocken
1 EL Kürbiskerne
½ Bund Schnittlauch

Für 2 Personen
45 Min. Zubereitung
1 Std. Marinieren

Nährwert pro Portion:

375 kcal
12 g Eiweiß
29 g Fett
15 g Kohlenhydrate

1 Möhren putzen und das Grün bis auf ca. 1 cm entfernen, Möhren dünn schälen oder unter kaltem Wasser gründlich abbürsten, je nach Größe quer und längs halbieren.

2 In einer großen Pfanne 2 EL Öl erhitzen und die Möhren darin bei mittlerer Hitze ca. 3 Min. andünsten. Mit Salz würzen. Die Brühe dazugießen, die Möhren aufkochen und zugedeckt bei niedriger Hitze in 10–12 Min. bissfest garen.

3 Inzwischen den Essig mit Harissa, Salz, Pfeffer, übrigem Öl und 2 EL Wasser verrühren. Zu den Möhren geben und untermischen, die Möhren samt Sud in eine flache Schale geben und ca. 1 Std. marinieren.

4 Währenddessen den Sellerie schälen und ca. 1 cm groß würfeln. In einem Topf mit Salzwasser bedeckt aufkochen und zugedeckt bei mittlerer Hitze ca. 10 Min. garen. In ein Sieb abgießen, abtropfen und etwas abkühlen lassen.

5 Dann den Sellerie in einem hohen Rührbecher mit Frischkäse, Tahin, Kreuzkümmel, Zitronensaft, Salz und Pfeffer mit dem Pürierstab fein pürieren. Den Hummus in eine Schüssel füllen und mit den Chiliflocken bestreuen.

6 Die Kürbiskerne in einer Pfanne ohne Fett bei mittlerer Hitze in ca. 5 Min. goldbraun rösten, bis sie anfangen zu knistern. Herausnehmen und abkühlen lassen. Den Schnittlauch waschen, trocken schütteln und in feine Röllchen schneiden. Zum Servieren die Möhren mit je 3–4 EL Sud auf Teller verteilen, mit Kürbiskernen und Schnittlauch bestreuen und den Hummus dazu reichen.

SHAKSHUKA mit Spinat

1 rote Zwiebel | 1 Knoblauchzehe | 1 rote Paprika | 100 g Baby-Blattspinat | 2 EL Olivenöl | 1 EL Tomatenmark | 200 g stückige Tomaten (aus der Dose) | ½ TL gemahlener Kreuzkümmel | ½ TL edelsüßes Paprikapulver | Salz | Pfeffer | 4 Eier (M) | 30 g geriebener Gouda
Für 2 Personen | 40 Min. Zubereitung

1 Zwiebel und Knoblauch schälen und fein würfeln. Paprika waschen, halbieren, weiße Trennwände und Kerne entfernen und die Hälften in ca. 2 cm große Stücke schneiden. Den Spinat verlesen, waschen und trocken schleudern, grobe Stiele entfernen.

2 Zwiebel und Knoblauch in einer Pfanne (ca. 24 cm Ø) im Öl bei mittlerer Hitze andünsten. Paprika dazugeben und 2–3 Min. mitdünsten. Tomatenmark und -stücke hinzufügen, alles mit Kreuzkümmel, Paprikapulver, Salz und Pfeffer würzen. Offen bei mittlerer Hitze ca. 10 Min. köcheln lassen.

3 Einige Spinatblätter zum Garnieren beiseitelegen, den Rest zur Paprika geben und leicht zusammenfallen lassen. Mit einem Löffelrücken 4 Mulden in die Tomatensauce drücken und je 1 Ei hineingleiten lassen. Mit Käse bestreuen und die Eier zugedeckt bei mittlerer Hitze in 10–15 Min. stocken lassen. Zum Servieren die Shakshuka mit den beiseitegelegten Spinatblättern bestreuen und in der Pfanne auf den Tisch stellen.

Nährwert pro Portion:

355 kcal	25 g Fett
22 g Eiweiß	9 g Kohlenhydrate

ASIA-GEMÜSE-OMELETT

1 rote Paprika | 80 g Shiitake-Pilze | 200 g Mini-Pak-Choi | 50 g Mungbohnensprossen | 1 Stück Ingwer (ca. 2 cm lang) | 5 Eier (M) | 3 EL ungesüßter Sojadrink | Salz | Pfeffer | 1,5 EL Rapsöl | 2 EL Sojasauce | 1 EL Limettensaft | 2 EL Koriandergrünblätter
Für 2 Personen | 35 Min. Zubereitung

1 Paprika waschen, vierteln, weiße Trennwände und Kerne entfernen. Paprika in Streifen schneiden. Pilze putzen, bei Bedarf abreiben und halbieren oder vierteln. Pak-Choi putzen, waschen, Stiele in feine, Blätter in breite Streifen schneiden. Sprossen in einem Sieb abbrausen und abtropfen lassen. Ingwer schälen und fein würfeln.

2 Backofen auf 80° vorheizen. Die Eier mit Sojadrink verrühren, salzen und pfeffern. In einer Pfanne (ca. 24 cm Ø) 1 TL Öl erhitzen und die Hälfte der Eiermasse darin bei niedriger Hitze in 2–3 Min. stocken lassen. Omelett wenden und noch 2–3 Min. braten. Herausnehmen und im Ofen warm halten, zweites Omelett backen.

3 Paprika, Pilze, Pak-Choi-Stiele und Ingwer im übrigen Öl im Wok bei starker Hitze 3–4 Min. rührbraten. Sojasauce, Limettensaft, 2 EL Wasser, Sprossen und Pak-Choi-Blätter dazugeben, alles kurz schwenken. Omeletts mit Gemüse füllen und mit gewaschenem Koriander bestreuen.

Nährwert pro Portion:

365 kcal | 24 g Fett
23 g Eiweiß | 11 g Kohlenhydrate

Warmer KÜRBIS-BROKKOLI-SALAT

½ Hokkaido-Kürbis (ca. 400 g)
250 g Brokkoli
2 EL Olivenöl
½ TL gemahlener Koriander
¼ TL gemahlene Kurkuma
1 Msp. Zimtpulver
¼ TL Chilipulver
Salz | Pfeffer
2 EL Mandeln
1 kleiner säuerlicher Apfel (z. B. Elstar)
½ EL Zitronensaft
100 ml Kefir (1,5 % Fett)
1 TL dunkles Mandelmus
4 Stiele Petersilie

Für 2 Personen
25 Min. Zubereitung
25 Min. Garen

Nährwert pro Portion:

380 kcal
12 g Eiweiß
21 g Fett
42 g Kohlenhydrate

1 Den Backofen auf 220° vorheizen. Ein Backblech mit Backpapier belegen. Den Kürbis waschen, vierteln und entkernen. Die Viertel erst in ca. 1 cm dünne Spalten schneiden, dann quer halbieren. Den Brokkoli putzen, waschen und in Röschen teilen, die Stiele schälen und klein würfeln.

2 Das Öl in einer großen Schüssel mit Koriander, Kurkuma, Zimt und Chilipulver gründlich verrühren. Kürbis und Brokkoli dazugeben und alles gut durchmischen, mit Salz und Pfeffer würzen. Die Kürbis-Brokkoli-Mischung auf dem Blech verteilen und im Ofen (Mitte) 20–25 Min. backen, bis das Gemüse weich, aber noch bissfest ist.

3 Inzwischen die Mandeln grob hacken und in einer Pfanne ohne Fett bei mittlerer Hitze in ca. 5 Min. goldbraun rösten. Herausnehmen und abkühlen lassen. Den Apfel waschen, vierteln, entkernen und in dünne Spalten schneiden. Sofort mit dem Zitronensaft beträufeln, damit sich die Spalten nicht bräunlich verfärben.

4 Für das Dressing Kefir und Mandelmus verrühren, mit Salz und Pfeffer würzen. Die Petersilie waschen, trocken schütteln, die Blätter abzupfen und fein hacken.

5 Zum Servieren das Gemüse aus dem Ofen nehmen, mit den Apfelspalten mischen und auf Teller verteilen. Mit den Mandeln bestreuen und mit dem Kefir-Mandel-Dressing beträufeln, zuletzt mit der Petersilie garnieren.

WÄRMT IM
HERBST

GRUSS AUS
SPANIEN

WASSERMELONEN-PAPRIKA-GAZPACHO

2 rote Spitzpaprika (ca. 150 g)
½ große Salatgurke (ca. 250 g)
100 g Tomaten
400 g Wassermelone
6 Blätter Basilikum
1 Knoblauchzehe
1 EL entöltes Mandelmehl
1 EL Rotweinessig
40 ml Olivenöl
Salz | Pfeffer
60 g Mini-Mozzarellakugeln light (mind. 20 % Fett i.Tr.)

Außerdem:
2 Holzspieße

Für 2 Personen
30 Min. Zubereitung
1 Std. Kühlen

Nährwert pro Portion:

- 335 kcal
- 11 g Eiweiß
- 24 g Fett
- 18 g Kohlenhydrate

1 Die Spitzpaprika waschen, längs halbieren, weiße Trennwände und Kerne entfernen. 1 Hälfte beiseitelegen, den Rest grob würfeln. Die Gurke schälen und ca. 50 g beiseitelegen, den Rest grob würfeln. Die Tomaten waschen und grob würfeln, dabei die Stielansätze entfernen.

2 Die Melone schälen, aus dem Fruchtfleisch mit einem Kugelausstecher 4 oder 6 Bällchen ausschneiden und zugedeckt kühl stellen. Das übrige Melonenfruchtfleisch grob würfeln. Das Basilikum waschen und trocken schütteln.

3 Den Knoblauch schälen und fein würfeln. Dann mit dem gewürfelten Gemüse, Melone, 4 Basilikumblättern, Mandelmehl, Essig, Öl, Salz und Pfeffer in einen hohen Rührbecher geben. Alles mit dem Pürierstab fein pürieren und den Gazpacho ca. 1 Std. kühl stellen.

4 Inzwischen die beiseitegelegte Gurke halbieren, entkernen und ebenso wie die beiseitegelegte Spitzpaprikahälfte in feine Würfel schneiden. Die Melonenbällchen mit den Mozzarellakugeln abwechselnd auf Spieße stecken.

5 Zum Servieren den Gazpacho auf Schalen verteilen, mit den feinen Gemüsewürfeln und dem übrigen Basilikum garnieren. Je 1 Melonen-Mozzarella-Spieß dazu reichen.

Kalte AVOCADO-BUTTERMILCH-SUPPE

½ große Salatgurke (ca. 250 g)
½ reife Avocado
½ Bund Dill
1 EL Zitronensaft
500 ml Buttermilch (1,5 % Fett)
1 TL Apfelessig
Salz | Pfeffer
1 EL Sonnenblumenkerne
6 Radieschen

Für 2 Personen
20 Min. Zubereitung
1 Std. Kühlen

Nährwert pro Portion:

- 255 kcal
- 12 g Eiweiß
- 15 g Fett
- 15 g Kohlenhydrate

1 Die Gurke waschen, halbieren, entkernen und grob würfeln. Avocado ggf. entkernen, das Fruchtfleisch aus der Schale lösen. Dill waschen, trocken schütteln, Spitzen abzupfen. Einige Spitzen zum Garnieren beiseitelegen.

2 Übrigen Dill mit Gurke, Avocado und Zitronensaft in einen hohen Rührbecher geben. Buttermilch dazugießen und alles mit dem Pürierstab fein pürieren. Mit Essig, Salz und Pfeffer würzen und die Suppe mind. 1 Std. kühl stellen.

3 Zum Servieren die Sonnenblumenkerne in einer Pfanne ohne Fett bei mittlerer Hitze in ca. 5 Min. goldbraun rösten. Herausnehmen und abkühlen lassen. Die Radieschen putzen, waschen und in dünne Scheiben schneiden. Die kalte Suppe auf Schalen verteilen und mit den Radieschenscheiben und den beiseitegelegten Dillspitzen garnieren. Mit den Sonnenblumenkernen bestreuen.

TIPP:

Diese Suppe können Sie in einem gut schließenden Gefäß, z. B. einer Flasche oder einem Twist-Off-Glas, prima transportieren und für unterwegs oder ins Büro mitnehmen. Im Sommer ergibt sie einen herrlichen kalten Lunch.

ANTI-FETTLEBER-TIPP:

Buttermilch und milchsaure Produkte wie Kefir, Joghurt oder Sauerkraut enthalten von Natur aus lebensfähige Mikroorganismen, z. B. Milchsäurebakterien und Hefen. Diese Probiotika beeinflussen unser Darm-Mikrobiom: Sie können nicht nur die Darmbarriere stärken und Krankheitserreger in Schach halten, sondern auch Leberzellen regenerieren.

LIEFERT VIELE
PROBIOTIKA

KOHLRABICREMESUPPE mit Gremolata

300 g Kohlrabi | ½ säuerlicher Apfel (z. B. Elstar) | 2 dünne Frühlingszwiebeln | 1 EL Rapsöl | 400 ml Gemüsebrühe | 20 g Kürbiskerne | ¼ Bund Petersilie | ½ TL abgeriebene Bio-Zitronenschale | 50 g Sojacreme | Salz | Pfeffer | geriebene Muskatnuss
Für 2 Personen | 30 Min. Zubereitung

1 Kohlrabi putzen, schälen und ca. 1 cm groß würfeln, zarte Blätter beiseitelegen. Apfel halbieren, schälen, entkernen und klein würfeln. Frühlingszwiebeln putzen, waschen und in dünne Ringe schneiden.

2 Kohlrabi, Apfel und Frühlingszwiebeln in einem Topf im Öl bei mittlerer Hitze 2–3 Min. dünsten. Die Brühe dazugießen, alles zugedeckt aufkochen und bei mittlerer Hitze 15–20 Min. köcheln lassen.

3 Inzwischen die Kürbiskerne fein hacken. Petersilie waschen, trocken schütteln, Blätter abzupfen und fein hacken. Beides mit Zitronenschale mischen.

4 Sojacreme und zarte Kohlrabiblätter in die Suppe geben und alles nochmals kurz aufkochen. Den Topf vom Herd nehmen und alles mit dem Pürierstab cremig-fein pürieren, die Suppe mit Salz, Pfeffer und Muskatnuss abschmecken. Zum Servieren auf Schalen oder tiefe Teller verteilen und mit der Gremolata bestreuen.

Nährwert pro Portion:

215 kcal	15 g Fett
7 g Eiweiß	11 g Kohlenhydrate

ROTE-BETE-SUPPE mit Schwarzkümmel

1 kleine Rote Bete (ca. 150 g) | 1 kleine Möhre | 100 g Knollensellerie | 3 Zweige Thymian | 1 EL Olivenöl | ½ TL gemahlener Koriander | 1 Lorbeerblatt | Salz | Pfeffer | 400 ml Gemüsebrühe | ½ EL Rotweinessig | 1 TL Schwarzkümmel | 2 EL saure Sahne
Für 2 Personen | 40 Min. Zubereitung

1 Rote Bete, Möhre und Sellerie putzen, schälen und in 1–2 cm große Würfel schneiden (dabei am besten Einweghandschuhe tragen!). Den Thymian waschen, trocken schütteln und die Blätter abzupfen.

2 Das Öl in einem Topf erhitzen und Rote Bete, Möhre und Sellerie mit Koriander, Lorbeer und der Hälfte des Thymians darin bei mittlerer Hitze unter Wenden ca. 5 Min. andünsten. Mit Salz und Pfeffer würzen. Brühe und Essig dazugießen, alles zugedeckt aufkochen und bei mittlerer Hitze 20–25 Min. garen.

3 Inzwischen den Schwarzkümmel in einer Pfanne ohne Fett bei mittlerer Hitze rösten. Herausnehmen und abkühlen lassen. Den Topf vom Herd nehmen, den Lorbeer entfernen. Das Gemüse mit dem Pürierstab fein pürieren, salzen und pfeffern. Zum Servieren die Suppe auf Schalen oder tiefe Teller verteilen, je 1 EL saure Sahne daraufgeben und spiralförmig verziehen. Mit übrigem Thymian und Schwarzkümmel bestreuen.

Nährwert pro Portion:

135 kcal	8 g Fett
3 g Eiweiß	10 g Kohlenhydrate

Überbackene AUBERGINENSCHEIBEN

2 Auberginen (ca. 500 g)
Salz | Pfeffer
2 EL Olivenöl
300 g Tomaten
125 g Mozzarella light (mind. 20 % Fett i.Tr.)
30 g schwarze Oliven (z. B. Kalamata; entsteint)
4 TL Basilikum-Pesto
1 EL Pinienkerne
2 Stiele Basilikum

Für 2 Personen
25 Min. Zubereitung
10 Min. Ziehen
15 Min. Garen

Nährwert pro Portion:

- 365 kcal
- 19 g Eiweiß
- 27 g Fett
- 12 g Kohlenhydrate

1 Den Backofen auf 220° vorheizen. Ein Backblech mit Backpapier belegen. Die Auberginen putzen, waschen und längs in 8 ca. 1 cm dicke Scheiben schneiden (Reste anderweitig verwenden). Nebeneinander auf die Arbeitsfläche legen, leicht salzen und ca. 10 Min. ziehen lassen.

2 Dann die Auberginen mit Küchenpapier abtupfen, mit Salz und Pfeffer würzen und nebeneinander auf das Blech legen. Mit dem Öl bestreichen und im Ofen (Mitte) ca. 10 Min. garen.

3 Inzwischen die Tomaten waschen und in Scheiben schneiden, dabei die Stielansätze entfernen. Den Mozzarella und die Oliven ebenfalls in Scheiben schneiden.

4 Die Auberginen aus dem Ofen nehmen und mit dem Pesto bestreichen. Die Tomaten- und Mozzarellascheiben abwechselnd und leicht überlappend darauf verteilen. Zuletzt die Auberginen mit Oliven und Pinienkernen bestreuen und im Ofen (Mitte) noch ca. 5 Min. überbacken.

5 Zum Servieren das Basilikum waschen, trocken schütteln und die Blätter abzupfen. Die Auberginen aus dem Ofen nehmen, auf Teller verteilen und mit Basilikum garnieren.

TIPP:

Abwechslung gefällig? Dann ersetzen Sie die Auberginen durch Zucchini. Salzen braucht man diese vorher nicht.

ECHTE
LOW-CARB-
SCHNITTEN

FÜR BESONDERE
ANLÄSSE

DORADENFILETS

mit Fenchel-Orangen-Salat

1 Knolle Fenchel (mit Grün; ca. 300 g)
1 Schalotte
Salz
1 Bio-Orange
1,5 EL Apfelessig
Pfeffer
2 EL Olivenöl
1 Mini-Römersalat
1 TL Fenchelsamen
4 Doradenfilets (à ca. 80 g; mit Haut)

Für 2 Personen
35 Min. Zubereitung

Nährwert pro Portion:

- 355 kcal
- 30 g Eiweiß
- 21 g Fett
- 12 g Kohlenhydrate

1 Den Fenchel putzen, waschen und das zarte Grün beiseitelegen. Den Fenchel vierteln und auf der Gemüsereibe in dünne Scheiben hobeln. Die Schalotte schälen und in dünne Scheiben schneiden. Fenchel und Schalotte mit etwas Salz bestreuen und 2–3 Min. kräftig durchkneten.

2 Die Orange heiß waschen, abtrocknen und ½ TL Schale fein abreiben. Dann so schälen, dass die weiße Haut vollständig entfernt wird. Filets zwischen den Trennhäuten herausschneiden, dabei den austretenden Saft auffangen. 3 EL Orangensaft mit Orangenschale, Essig, Salz und Pfeffer verrühren und 1 EL Öl unterschlagen, Fenchel-Mix und Orangenfilets untermischen. Den Salat putzen, waschen und in ca. 2 cm breite Streifen schneiden, Fenchelgrün grob hacken und beides unter den Salat mischen.

3 Die Fenchelsamen im Mörser fein zerdrücken. Die Doradenfilets rundum mit Salz, Pfeffer und Fenchelsamen würzen. In einer großen beschichteten Pfanne im übrigen Öl auf der Hautseite bei mittlerer Hitze 2–3 Min. braten. Sobald sich die Filets nach oben wölben, leicht herunterdrücken. Vorsichtig wenden und noch ca. 2 Min. braten. Den Fisch mit dem Fenchelsalat servieren.

ANTI-FETTLEBER-TIPP:

Essen Sie häufig rohen Fenchel! Die ätherischen Öle der Knolle verbessern die Verdauung und können Magen-Darm-Beschwerden lindern. Beim Erhitzen verflüchtigen sich die wirksamen Stoffe allerdings rasch.

Sommerlicher STREMELLACHS-SALAT

2 Mini-Salatgurken (ca. 200 g) | 100 g bunte Kirschtomaten | 3 Artischockenherzen (aus der Dose; ca. 120 g) | 1 EL Kapern (in Lake eingelegt) | 1 kleiner Kopfsalat (ca. 200 g) | 100 g Joghurt (1,5 % Fett) | 1 TL mittelscharfer Senf | 1,5 EL Zitronensaft | Salz | Pfeffer | 125 g Stremellachs (mit Haut)
Für 2 Personen | 30 Min. Zubereitung

1 Die Gurken waschen, längs halbieren und in dünne Scheiben schneiden. Die Tomaten waschen und halbieren. Die Artischockenherzen abtropfen lassen und vierteln. Die Kapern ebenfalls abtropfen lassen. Den Salat putzen, waschen, trocken schleudern und in mundgerechte Stücke zupfen.

2 Für das Dressing den Joghurt mit 3 EL Wasser, Senf, ½ EL Zitronensaft, Salz und Pfeffer in einer Salatschüssel gründlich verrühren. Den Lachs häuten und mit zwei Gabeln in Stücke zupfen.

3 Zum Servieren die Gurken, Tomaten, Artischocken, Kapern und den Salat mit dem übrigen Zitronensaft mischen, salzen und pfeffern, auf Teller verteilen. Den Lachs darübergeben und alles mit dem Joghurt-Senf-Dressing beträufeln.

Nährwert pro Portion:

265 kcal	14 g Fett
23 g Eiweiß	10 g Kohlenhydrate

CHICORÉE-MÖHREN-SALAT mit Matjes

200 g Möhren | 1 Chicorée (ca. 200 g) | 2 Frühlingszwiebeln | 1 kleiner säuerlicher Apfel (z. B. Elstar) | 2 TL Zitronensaft | 150 g Joghurt (3,5 % Fett) | 1 EL Apfelessig | Salz | Pfeffer | 2 Matjes-Doppelfilets (à ca. 120 g) | ½ Beet Kresse

Für 2 Personen | 25 Min. Zubereitung

1 Die Möhren schälen und auf der Gemüsereibe grob raspeln. Den Chicorée putzen, waschen und längs halbieren, den Strunk keilförmig herausschneiden und die Hälften in 1–2 cm breite Streifen schneiden. Die Frühlingszwiebeln putzen, waschen und schräg in dünne Ringe schneiden.

2 Den Apfel waschen, sechsteln und entkernen. Die Schnitze quer in dünne Scheiben schneiden. Die Apfelscheiben sofort mit dem Zitronensaft beträufeln, damit sie sich nicht bräunlich verfärben.

3 Für das Dressing Joghurt, Essig, Salz und Pfeffer in einer Salatschüssel gründlich verrühren. Möhren, Chicorée, Frühlingszwiebeln und Apfel dazugeben und untermischen, mit Salz und Pfeffer abschmecken.

4 Zum Servieren den Salat mit je 1 Matjes-Doppelfilet auf Tellern anrichten. Die Kresse vom Beet schneiden, waschen und trocken schütteln, über Salat und Matjes streuen.

Nährwert pro Portion:

385 kcal | 30 g Fett
23 g Eiweiß | 14 g Kohlenhydrate

LÖWENZAHNSALAT MIT SPARGEL

und Krabben

400 g grüner Spargel
3 EL Olivenöl
Salz | Pfeffer
2 Eier (M)
1 EL Sonnenblumenkerne
100 g junger Löwenzahn (ersatzweise Radicchio oder Endiviensalat)
100 g Nordseekrabben (aus dem Kühlregal)
2 EL Aceto balsamico bianco
20 g Kerbel

Für 2 Personen
30 Min. Zubereitung

Nährwert pro Portion:

- 350 kcal
- 23 g Eiweiß
- 25 g Fett
- 8 g Kohlenhydrate

1 Den Spargel waschen, im unteren Drittel schälen und die holzigen Enden abschneiden. Spargel in 3–4 cm breite Stücke schneiden. In einer großen Pfanne 1 EL Öl erhitzen und den Spargel darin bei mittlerer Hitze 1–2 Min. anbraten. 60 ml Wasser dazugießen, salzen und pfeffern, den Spargel zugedeckt in ca. 5 Min. bissfest garen. Herausnehmen und abtropfen lassen, den Sud beiseitestellen.

2 Inzwischen die Eier in kochendem Wasser in ca. 10 Min. hart kochen. Dann kalt abschrecken, pellen und vierteln. Die Sonnenblumenkerne in einer Pfanne ohne Fett bei mittlerer Hitze in ca. 5 Min. goldbraun rösten. Herausnehmen und abkühlen lassen. Den Löwenzahn putzen, waschen, trocken schleudern und in 4–6 cm breite Stücke schneiden, dabei grobe Stiele entfernen. Die Krabben in einem Sieb abbrausen und abtropfen lassen.

3 Essig, 4 EL beiseitegestellten Spargelsud, Salz und Pfeffer verrühren und das übrige Öl unterschlagen. Den Kerbel waschen, trocken schütteln, die Blätter abzupfen und fein hacken, unter die Vinaigrette mischen. Zum Servieren Spargel, Löwenzahn und Krabben auf Teller verteilen. Mit der Kerbelvinaigrette beträufeln. Die Eier daraufsetzen und alles mit den Sonnenblumenkernen bestreuen.

ANTI-FETTLEBER-TIPP:

Gerade kein Löwenzahn im Angebot? Dann nehmen Sie alternativ Radicchio oder Endiviensalat. Diese gehören auch zu den bitteren Salaten und regen die Fettverbrennung an, was einen entgiftenden Effekt auf den Körper hat.

Junger Löwenzahn mit grünem Spargel und doppelter Eiweißpower aus Eiern und Krabben machen den Salat sättigend und frisch. Das Kerbel-Dressing entpuppt sich als hervorragender Begleiter.

ZOODLES-SALAT mit Graved Lachs

10 g Pinienkerne | je 1 gelber und grüner Zucchino | 1 rote Zwiebel | 1 Knoblauchzehe | 2 EL Olivenöl | Salz | Pfeffer | 200 g Kirschtomaten | 125 Mini-Mozzarellakugeln light (mind. 20 % Fett i.Tr.) | 2 EL Kräuteressig | ½ Bund Basilikum | 100 g Graved Lachs
Für 2 Personen | 30 Min. Zubereitung

1 Die Pinienkerne in einer Pfanne ohne Fett bei mittlerer Hitze in ca. 5 Min. goldbraun rösten. Herausnehmen und abkühlen lassen. Die Zucchini putzen, waschen und mit dem Spiralschneider in lange Streifen schneiden. Zwiebel und Knoblauch schälen, fein würfeln und in einer großen Pfanne in 1 EL Öl glasig dünsten. Die Zucchini dazugeben und ca. 3 Min. mitdünsten, salzen und pfeffern. Vom Herd nehmen und lauwarm abkühlen lassen.

2 Die Tomaten waschen und halbieren. Die Mozzarellakugeln jeweils halbieren. Den Essig mit Salz, Pfeffer und übrigem Öl in einer Salatschüssel verrühren. Das Basilikum waschen, trocken schütteln, die Blätter abzupfen und – bis auf einige Blätter zum Garnieren – grob hacken.

3 Zucchini-Mix, Tomaten, Mozzarella und Basilikum mit der Vinaigrette mischen, mit Salz und Pfeffer abschmecken. Zum Servieren Salat mit dem Lachs auf Tellern anrichten, mit den Pinienkernen und übrigem Basilikum bestreuen.

Nährwert pro Portion:

395 kcal	26 g Fett
28 g Eiweiß	12 g Kohlenhydrate

BLUMENKOHL-TABOULÉ mit Makrele

½ Blumenkohl (geputzt ca. 350 g) | 3 EL Olivenöl | ½ TL rosenscharfes Paprikapulver | 2 EL Zitronensaft | Salz | Pfeffer | 200 g Tomaten | 3 Frühlingszwiebeln | 1 Bund Petersilie | 4 Makrelenfilets (à ca. 80 g; mit Haut)
Für 2 Personen | 35 Min. Zubereitung

1 Den Blumenkohl putzen, waschen, in Röschen teilen und mit dem Blitzhacker zu reiskorngroßen Stücken zerkleinern. 1 EL Öl in einer Pfanne erhitzen und die Blumenkohlraspel darin mit dem Paprikapulver bei mittlerer Hitze 2–3 Min. andünsten. Vom Herd nehmen. In einer Schüssel 4 EL Wasser, Zitronensaft, Salz, Pfeffer und 1 EL Öl verrühren, Blumenkohl untermischen.

2 Die Tomaten waschen und klein würfeln, dabei die Stielansätze entfernen. Frühlingszwiebeln putzen, waschen und in dünne Ringe schneiden. Die Petersilie waschen, trocken schütteln, die Blätter abzupfen und fein hacken. Alle drei Zutaten unter das Taboulé mischen, ziehen lassen.

3 Die Makrelenfilets in einer beschichteten Pfanne im übrigen Öl auf der Hautseite bei mittlerer Hitze 3–4 Min. braten. Dann wenden und in ca. 1 Min. fertig braten, den Fisch rundum mit Salz und Pfeffer würzen. Zum Servieren die Makrelenfilets mit dem Taboulé auf tiefen Tellern oder in Schalen anrichten.

Nährwert pro Portion:

390 kcal	28 g Fett
25 g Eiweiß	9 g Kohlenhydrate

CALAMARI-GEMÜSE-SALAT mit Oliven

250 g Tintenfischtuben (frisch oder TK und aufgetaut; küchenfertig)
½ Bio-Zitrone
1 Knoblauchzehe
3 EL Olivenöl
je 1 kleine gelbe und rote Spitzpaprika
200 g kleine Tomaten
1 kleiner Zucchino (ca. 125 g)
1 kleine rote Zwiebel
½ Bund Petersilie
2 Stiele Minze
Salz | Pfeffer
50 g schwarze Oliven (z. B. Kalamata; entsteint)

Für 2 Personen
40 Min. Zubereitung

Nährwert pro Portion:

- 395 kcal
- 25 g Eiweiß
- 26 g Fett
- 13 g Kohlenhydrate

1 Von den Tintenfischtuben ggf. das Rückgrat herausziehen, dann die Tuben gründlich waschen und trocken tupfen. Zitrone heiß waschen, abtrocknen, 1 Streifen Schale mit dem Sparschäler abziehen und in feine Streifen schneiden. Dann die Zitrone auspressen. Knoblauch schälen und in dünne Scheiben schneiden. Zitronenschale, Knoblauch und 1 EL Öl in einer flachen Schale verrühren, die Tintenfischtuben darin wenden und ca. 20 Min. marinieren.

2 Inzwischen die Paprika waschen, längs halbieren, weiße Trennwände und Kerne entfernen und die Hälften quer in feine Streifen schneiden. Die Tomaten waschen und vierteln, dabei die Stielansätze entfernen. Den Zucchino putzen, waschen, längs vierteln und in dünne Scheiben schneiden. Die Zwiebel schälen, halbieren und in dünne Halbringe schneiden. Petersilie und Minze waschen, trocken schütteln und die Blätter abzupfen. Einige Blätter zum Garnieren beiseitelegen, den Rest fein hacken.

3 Den Zitronensaft mit Salz und Pfeffer in einer Salatschüssel verrühren, das übrige Öl nach und nach unterschlagen. Paprika, Tomaten, Zucchino, Zwiebel, Oliven und gehackte Kräuter dazugeben und alles gut mischen.

4 Eine große Pfanne ohne Fett stark erhitzen, die Tuben samt Marinade hineingeben und darin bei mittlerer bis starker Hitze unter Wenden ca. 5 Min. braten, mit Salz und Pfeffer würzen. Herausnehmen und in Ringe scheiden. Zum Servieren den Salat mit Salz und Pfeffer abschmecken und auf Teller verteilen. Die Tintenfischringe daraufsetzen und alles mit den beiseitegelegten Kräutern garnieren.

URLAUBSGRÜSSE
AUS HELLAS

ROTER HERINGSSALAT

100 g gegarte Rote Bete (vakuumverpackt)
1 Stange Staudensellerie
1 kleine rote Zwiebel
150 g Bismarckhering (in Marinade eingelegt)
1 kleiner säuerlicher Apfel (z. B. Elstar)
½ Bund Dill
50 g saure Sahne (10 % Fett)
50 g Joghurt (1,5 % Fett)
1 EL milder Rotweinessig
Salz | Pfeffer

Für 2 Personen
20 Min. Zubereitung

Nährwert pro Portion:

- 270 kcal
- 16 g Eiweiß
- 16 g Fett
- 15 g Kohlenhydrate

1 Die Roten Beten in ca. 1 cm große Würfel schneiden (dabei am besten Einweghandschuhe tragen!). Den Sellerie putzen, waschen und schräg in dünne Scheiben hobeln. Die Zwiebel schälen und feine Würfel schneiden.

2 Den Hering abtropfen lassen, trocken tupfen und schräg in ca. 1 cm breite Streifen schneiden. Den Apfel waschen, vierteln und entkernen. Die Viertel ebenfalls klein würfeln. Den Dill waschen, trocken schütteln und die Spitzen abzupfen. Einige Dillspitzen zum Garnieren beiseitelegen, den Rest fein hacken.

3 In einer Salatschüssel saure Sahne und Joghurt glatt verrühren. Die Roten Beten, Sellerie, Zwiebel, Hering, Apfel und gehackten Dill untermischen. Den Salat mit Essig, Salz und Pfeffer abschmecken. Zum Servieren auf Teller verteilen und mit dem beiseitegelegten Dill garnieren.

ANTI-FETTLEBER-TIPP:

Der Hering ist mit etwa 18 Gramm Fett pro 100 Gramm wahrlich kein Schlankmacher, dafür aber ein super Fang für die Gesundheit – sei es als grüner Hering, Bismarckhering, Matjes, Rollmops oder Bückling. Denn mehr als 10 Prozent des Fettanteils sind essenzielle Omega-3-Fettsäuren, die unser Körper nicht selbst herstellen kann. Studien haben gezeigt, dass maritime Omega-3-Fettsäuren bei der Behandlung von Fettleber eine unterstützende Rolle spielen, die Fetteinlagerung in der Leber verringern und deren Regeneration unterstützen. Die guten Fette stecken übrigens auch in anderen fettreichen Kaltwasserfischen wie Makrele, Lachs, Sardine und Thunfisch.

KLASSIKER
MIT PFIFF

REICH AN
EIWEISS

BOHNEN-THUNFISCH-SALAT

125 g weiße Bohnen (aus der Dose)
½ Salatgurke
½ Bund Radieschen
2 Tomaten
1 kleiner Radicchio (ca. 100 g)
1 Dose Thunfisch (im eigenen Saft eingelegt, ca. 110 g Abtropfgewicht)
2 EL Apfelessig
1 TL geriebener Meerrettich
Salz | Pfeffer
2 EL Olivenöl
1 EL Rapsöl
½ Beet Kresse

Für 2 Personen
30 Min. Zubereitung

Nährwert pro Portion:

300 kcal
20 g Eiweiß
17 g Fett
13 g Kohlenhydrate

1 Die Bohnen in einem Sieb abbrausen und abtropfen lassen. Die Gurke schälen, längs halbieren, entkernen und die Hälften in dünne Scheiben schneiden. Die Radieschen putzen, waschen und in dünne Scheiben schneiden. Die Tomaten waschen und in Spalten schneiden, dabei die Stielansätze entfernen. Radicchio putzen, waschen, in Blätter teilen und diese mundgerecht zerpflücken. Thunfisch abtropfen lassen und mit einer Gabel zerpflücken.

2 In einer Salatschüssel den Essig mit Meerrettich, Salz und Pfeffer verrühren und Oliven- und Rapsöl nach und nach unterschlagen. Bohnen, Gurke, Radieschen, Tomaten, Radicchio und Thunfisch dazugeben und alles gut mischen. Den Salat mit Salz und Pfeffer abschmecken.

3 Zum Servieren die Kresse vom Beet schneiden, waschen und trocken schütteln. Den Salat auf Teller verteilen und mit der Kresse bestreuen.

ANTI-FETTLEBER-TIPP:

Radieschen enthalten viele sekundäre Pflanzenstoffe – die sogenannten Senfölglykoside (kurz Senföle), die auch in Rettich, Senf und Kohlgemüse stecken und den Gemüsen ihren typischen scharfen Geschmack verleihen. Diese Wirkstoffe haben die Eigenschaft, Fett zu binden, sodass es den Körper unverwertet wieder verlassen kann. Und sie regen den Gallenfluss an und unterstützen die Leber so bei ihrer Entgiftungsarbeit. Außerdem können die ätherischen Öle Bakterien und Pilze abtöten – vor allem im Magen und Darm – und schützen damit die Verdauungsorgane.

QUINOA-SPINAT-SALAT

mit Flusskrebsen und Erdbeeren

80 g bunte Quinoa
Salz
150 g Erdbeeren
1 EL Aceto balsamico bianco
Pfeffer
1 EL Rapsöl
1 EL Hanföl
80 g Baby-Blattspinat
½ Avocado
100 g Flusskrebsschwänze (aus dem Kühlregal; ersatzweise gegarte geschälte Garnelen)

Für 2 Personen
40 Min. Zubereitung
30 Min. Abkühlen

Nährwert pro Portion:

- 385 kcal
- 15 g Eiweiß
- 23 g Fett
- 29 g Kohlenhydrate

1 Die Quinoa in einem Sieb kalt abbrausen und kurz abtropfen lassen. Mit 200 ml leicht gesalzenem Wasser in einem Topf aufkochen. Dann die Hitze reduzieren und die Quinoa zugedeckt bei niedriger Hitze 20–25 Min. köcheln lassen, bis die Flüssigkeit vollständig eingekocht ist. Vom Herd nehmen und vollständig abkühlen lassen.

2 Inzwischen die Erdbeeren putzen, waschen und halbieren oder vierteln. 50 g Erdbeeren in einen hohen Rührbecher geben und mit Essig, 4 EL Wasser, Salz und Pfeffer mit dem Pürierstab fein pürieren. Raps- und Hanföl kurz untermixen.

3 Den Spinat verlesen, waschen und trocken schleudern, dabei grobe Stiele entfernen. Die Avocado ggf. entkernen, das Fruchtfleisch aus der Schale lösen und in ca. 1 cm große Würfel schneiden. Die Flusskrebse in einem Sieb abbrausen und gut abtropfen lassen.

4 Zum Servieren das Dressing in eine Salatschüssel füllen und Quinoa, Erdbeeren, Spinat und Avocado vorsichtig untermischen. Den Salat auf Teller verteilen und mit den Flusskrebsen bestreuen.

TIPP:

Wer Quinoa regelmäßig in sein Essen einbaut, sichert sich gute Nährstoffe. Denn das Pseudogetreide ist eine prima Quelle für hochwertiges pflanzliches Eiweiß und liefert alle acht essenziellen Aminosäuren. Zudem punkten die Körnchen mit reichlich Eisen, Folsäure, Magnesium, Zink und Mangan, sie sind glutenfrei und leicht verdaulich.

FRÜHLINGSFRISCHER
SATTMACHER

GEMÜSEGARNELEN mit Feta

250 g rohe geschälte Garnelen (küchenfertig) | 1 Knoblauchzehe | ½ TL rosenscharfes Paprikapulver | 3 EL Olivenöl | je 1 gelbe und rote Paprika | 150 g Zucchini | 100 g Baby-Blattspinat | Salz | Pfeffer | 2 TL Thymianblätter | 3 EL Gemüsebrühe | 50 g fettarmer Schafskäse (z. B. Feta; mind. 20 % Fett i.Tr.)
Für 2 Personen | 25 Min. Zubereitung

1 Garnelen waschen und trocken tupfen. Knoblauch schälen und fein würfeln, mit Paprikapulver und 2 EL Öl mischen. Die Garnelen untermischen und marinieren.

2 Die Paprika waschen, vierteln, weiße Trennwände und Kerne entfernen und die Viertel quer in ca. 1 cm breite Streifen schneiden. Die Zucchini putzen, waschen und ca. 1,5 cm groß würfeln. Den Spinat verlesen, waschen und trocken schleudern, dabei grobe Stiele entfernen.

3 Garnelen samt Würzöl in einer Pfanne bei mittlerer bis starker Hitze ca. 2 Min. unter Rühren braten, mit Salz und Pfeffer würzen. Herausnehmen und warm halten. Übriges Öl in der Pfanne erhitzen und Paprika und Zucchini darin bei mittlerer Hitze unter Rühren ca. 3 Min. anbraten. Thymian und Brühe dazugeben, Spinat hinzufügen und kurz zusammenfallen lassen, salzen und pfeffern. Zum Servieren Gemüse mit Garnelen anrichten und den Feta darüberbröseln.

Nährwert pro Portion:

340 kcal	20 g Fett
32 g Eiweiß	8 g Kohlenhydrate

GEMÜSERÜHREI mit Räuchermakrele

1 Mini-Salatgurke | 2 Frühlingszwiebeln | 80 g TK-Erbsen | 5 Eier (M) | 3 EL Milch (1,5 % Fett) | Salz | Pfeffer | ½ EL Olivenöl | 125 g geräuchertes Makrelenfilet (mit Haut) | 4 Stiele Dill

Für 2 Personen | 15 Min. Zubereitung

1 Die Gurke waschen, längs halbieren, entkernen und in kleine Würfel schneiden. Die Frühlingszwiebeln putzen, waschen und in dünne Ringe schneiden. Die Erbsen antauen lassen. Eier und Milch verquirlen, mit Salz und Pfeffer würzen.

2 Das Öl in einer beschichteten Pfanne erhitzen und Gurke und Frühlingszwiebeln darin bei mittlerer Hitze ca. 1 Min. andünsten. Die Eiermilch in die Pfanne gießen und die Erbsen dazugeben. Die Eiermasse bei mittlerer Hitze stocken lassen, dabei mit einem Pfannenwender die Eiermasse immer wieder von außen nach innen zusammenschieben.

3 Zum Servieren die Makrele häuten und in mundgerechte Stücke zupfen. Den Dill waschen, trocken schütteln, die Spitzen abzupfen und fein hacken. Das Rührei auf Teller verteilen und die Makrele daraufsetzen, mit Dill und Pfeffer bestreuen.

Nährwert pro Portion:

400 kcal	26 g Fett
32 g Eiweiß	9 g Kohlenhydrate

Löffel für Löffel Buntes: Brokkoli, Fenchel, Möhren, Tomaten und allerlei Kräuter tummeln sich in einer milden Gemüsebrühe. Würziges Forellenfilet gibt´s als eiweißreiche Einlage dazu.

SATTLÖFFELN
ALL'ITALIANA

GEMÜSESUPPE mit Räucherforelle

1 rote Zwiebel
1 Knoblauchzehe
1 kleine Knolle Fenchel (ca. 200 g)
100 g Möhren
150 g Brokkoli
150 g Kirschtomaten
2 EL Olivenöl
½ EL Tomatenmark
500 ml Gemüsebrühe
2 TL italien. TK-Kräuter
Salz | Pfeffer
125 g geräuchertes Forellenfilet (ohne Haut)
½ Bund Petersilie

Für 2 Personen
35 Min. Zubereitung

Nährwert pro Portion:

- 245 kcal
- 19 g Eiweiß
- 13 g Fett
- 10 g Kohlenhydrate

1 Die Zwiebel schälen, halbieren und in dünne Halbringe schneiden. Knoblauch schälen und fein würfeln. Fenchel putzen, waschen, längs vierteln und in dünne Streifen schneiden. Möhren schälen und in Scheiben schneiden. Brokkoli putzen, waschen und in Röschen teilen, die Stiele schälen und klein würfeln. Tomaten waschen und halbieren.

2 Das Öl in einem großen Topf erhitzen und Zwiebel und Knoblauch darin bei mittlerer Hitze glasig dünsten. Fenchel und Möhren dazugeben und ca. 4 Min. mitdünsten. Das Tomatenmark dazugeben und kurz mitdünsten. Die Brühe dazugießen und die Kräuter hinzufügen. Alles aufkochen und bei mittlerer Hitze zugedeckt ca. 10 Min. garen.

3 Dann den Brokkoli hinzufügen und 3–4 Min. mitgaren. Zuletzt die Tomaten untermischen und kurz erwärmen. Die Suppe mit Salz und Pfeffer abschmecken. Das Forellenfilet schräg in Stücke schneiden.

4 Zum Servieren die Petersilie waschen, trocken schütteln, die Blätter abzupfen und fein hacken. Die Suppe auf tiefe Teller oder Schalen verteilen, mit den Forellenstücken belegen und mit der Petersilie bestreuen.

ANTI-FETTLEBER-TIPP

Neben den Senfölglykosiden (s. S. 165) enthält Kohlgemüse wie Brokkoli, Blumen-, Grün- oder Rosenkohl viele weitere sekundäre Pflanzenstoffe – darunter die Flavonoide Quercetin und Kaempferol. Diese haben einen stark antientzündlichen und antioxidativen Effekt und sollen vor Herz-Kreislauf-Erkrankungen schützen.

HÄHNCHENSUPPE mit Spargel

2 Hähnchenkeulen
(à ca. 200 g)
1 kleine Zwiebel
1 Lorbeerblatt
3 schwarze Pfefferkörner
750 ml Hühnerbrühe
250 g weißer Spargel
125 g grüner Spargel
50 g kleine Champignons
75 g frische gepalte Erbsen
(ersatzweise TK)
Salz | Pfeffer
1 EL Zitronensaft
1 kleine Handvoll Kerbel

Für 2 Personen
40 Min. Zubereitung
1 Std. 15 Min. Garen

Nährwert pro Portion:

300 kcal
36 g Eiweiß
11 g Fett
14 g Kohlenhydrate

1 Die Hähnchenkeulen waschen. Die Zwiebel ungeschält halbieren, mit Lorbeer und Pfefferkörnern in den Topf geben. Brühe dazugießen und alles aufkochen. Die Keulen dazugeben und mit halb aufgelegtem Deckel bei mittlerer Hitze ca. 45 Min. köcheln lassen.

2 Inzwischen Spargel waschen, den weißen ganz, den grünen nur im unteren Drittel schälen, holzige Enden jeweils abschneiden. Spargel schräg in 3–4 cm breite Stücke schneiden. Pilze putzen und bei Bedarf mit einem Tuch abreiben, größere Exemplare halbieren. Erbsen waschen.

3 Die Keulen aus der Brühe nehmen und beiseitestellen. Brühe durch ein Sieb in einen zweiten Topf gießen und nochmals aufkochen. Keulen häuten, das Fleisch von den Knochen lösen und grob zerzupfen. Den weißen Spargel in der Brühe bei mittlerer Hitze 12–15 Min. garen. Dann grünen Spargel, Pilze und Erbsen hinzufügen, alles erneut aufkochen und noch ca. 4 Min. garen. Zuletzt das Fleisch dazugeben und kurz erwärmen.

4 Zum Servieren die Suppe mit Salz, Pfeffer und Zitronensaft abschmecken. Den Kerbel waschen, trocken schütteln, die Blätter abzupfen und grob hacken. Die Suppe auf tiefe Teller oder Schalen verteilen und mit dem Kerbel bestreuen.

ANTI-FETTLEBER-TIPP:

Spargel ist neben der Avocado eine sehr gute Quelle für Glutathion. Das ist einer der wichtigsten Stoffe, die die Leber herstellen muss, um Abfallstoffe über Galle, Darm und Niere auszuscheiden und freie Radikale zu entschärfen.

FRÜHLINGS-
ESSEN
ZUM AUFTANKEN

MIT
EXOTISCHEM
TOUCH

PAPAYA-HÄHNCHEN-SALAT

mit Koriander-Pesto

500 ml Hühnerbrühe
1 Hähnchenbrustfilet (ca. 200 g)
30 g Cashewkerne
20 g Koriandergrün
½ rote Chilischote
½ Bio-Limette
2 EL Rapsöl
Salz | Pfeffer
1 kleine reife Papaya (ca. 300 g)
75 g Zuckerschoten
100 g Baby-Leaf-Salat (z. B. Baby-Blattspinat, Sauerampfer, Mangold, Rote-Bete-Blätter)

Für 2 Personen
30 Min. Zubereitung

Nährwert pro Portion:

- 360 kcal
- 28 g Eiweiß
- 18 g Fett
- 11 g Kohlenhydrate

1 Die Brühe in einem Topf aufkochen und das Fleisch darin zugedeckt bei niedriger Hitze 15–20 Min. garen. Herausnehmen und beiseitestellen, die Brühe aufheben.

2 Inzwischen für das Pesto die Cashewkerne in einer Pfanne ohne Fett in ca. 5 Min. goldbraun rösten. Herausnehmen und abkühlen lassen. Koriandergrün waschen, trocken schütteln und samt zarter Stiele grob hacken, dabei grobe Stiele entfernen. Chili waschen, längs halbieren, weiße Trennwände und Kerne entfernen und die Hälften grob schneiden. Limette heiß waschen, abtrocknen und ½ TL Schale fein abreiben, 2 EL Saft auspressen.

3 Die Cashewkerne im Blitzhacker mittelfein zerkleinern, herausnehmen und beiseitestellen. Dann Koriander, Chili, Limettenschale, 1 EL Limettensaft und Rapsöl im Blitzhacker fein pürieren. Cashewkerne kurz untermixen, dann das Pesto mit Limettensaft, Salz und Pfeffer abschmecken.

4 Die Papaya halbieren, entkernen, schälen und die Hälften in dünne Spalten schneiden. Die Zuckerschoten putzen, waschen und schräg in dünne Streifen schneiden. Die Salatblätter verlesen, waschen und trocken schleudern. Das Fleisch schräg in dünne Scheiben schneiden.

5 Zum Servieren Papaya, Zuckerschoten, Salat und Fleisch auf Tellern anrichten. Jeweils mit 3–4 EL Hähnchenbrühe (Rest anderweitig verwenden) beträufeln und leicht mit Salz und Pfeffer würzen. Zuletzt das Pesto mit 2 EL Brühe verrühren und darüberträufeln.

LAMMFILET mit Wildkräutersalat

40 g rote Linsen
100 g Wildkräuter
(z. B. Rucola, Löwenzahn, Giersch, Brennnesseln)
200 g gegarte Rote Bete (vakuumverpackt)
2 Frühlingszwiebeln
1 Lammlachs (ca. 150 g)
Salz | Pfeffer
1 EL Olivenöl
4 EL Orangensaft
2 EL milder Weißweinessig
1 TL mittelscharfer Senf
1 EL Rapsöl

Für 2 Personen
25 Min. Zubereitung

Nährwert pro Portion:

- 360 kcal
- 25 g Eiweiß
- 16 g Fett
- 28 g Kohlenhydrate

1 Die Linsen in kochendem Wasser in 6–8 Min. leicht bissfest garen. In ein Sieb abgießen, kalt abschrecken und abtropfen lassen.

2 Die Wildkräuter verlesen, waschen und vorsichtig trocken schleudern, dabei grobe Stiele entfernen. Die Roten Beten abtropfen lassen und ca. 1 cm groß würfeln (dabei am besten Einweghandschuhe tragen!). Die Frühlingszwiebeln putzen, waschen und in dünne Ringe schneiden.

3 Fleisch mit Salz und Pfeffer einreiben und in einer Pfanne im Olivenöl rundum 6–7 Min. unter Wenden braten. Vom Herd nehmen und zugedeckt ca. 3 Min. ruhen lassen.

4 Orangensaft, Essig, Senf, Salz und Pfeffer verrühren, das Rapsöl unterschlagen. Linsen, Kräuter, Rote Beten und Frühlingszwiebeln in einer Salatschüssel mischen, auf Tellern anrichten und mit der Vinaigrette beträufeln. Das Lammfleisch in Scheiben schneiden und daraufsetzen.

ANTI-FETTLEBER-TIPP:

In zahlreichen Nahrungsmitteln stecken gesunde Bitterstoffe: z. B. in Chicorée, Radicchio und Endivie, aber auch in Artischocken, Brokkoli und Rosenkohl. Doch Wildpflanzen wie Brennessel, Löwenzahn, Rucola oder Giersch enthalten viel mehr dieser bitteren Stoffe – vor allem sekundäre Pflanzenstoffe aus der Familie der Terpene und Polyphenole. Diese können im Mund den Speichelfluss stimulieren und kurbeln die Produktion der Gallenflüssigkeit sowie die Verdauung insgesamt an. Der Körper kann so das mit der Nahrung aufgenommene Fett besser verarbeiten.

ECHTER
LEBER-
BOOSTER

SCHNELLES
WOK-GLÜCK

Asiatische GEMÜSE-HACK-PFANNE

250 g Brokkoliröschen
200 g Möhren
1 Stück Ingwer (ca. 1 cm lang)
1 Schalotte
100 g Mungbohnensprossen (nach Belieben)
2 EL helles Sesamöl
200 g mageres Rinderhackfleisch
50 ml Gemüsebrühe
2 EL Sojasauce (z. B. Tamari)
2 TL geröstetes Sesamöl
Salz | Pfeffer
einige Blätter Koriandergrün
1 EL heller Sesam

Für 2 Personen
30 Min. Zubereitung

Nährwert pro Portion:

- 390 kcal
- 26 g Eiweiß
- 27 g Fett
- 9 g Kohlenhydrate

1 Den Brokkoli putzen und waschen. Die Möhren schälen und in feine Stifte schneiden. Ingwer und Schalotte schälen und fein würfeln. Die Sprossen nach Belieben in einem Sieb abbrausen und gut abtropfen lassen.

2 Im Wok 1 EL helles Sesamöl erhitzen und das Hackfleisch darin bei mittlerer bis starker Hitze in 3–4 Min. unter Wenden braun und krümelig braten, herausnehmen und beiseitestellen. Das restliche helle Sesamöl im Wok erhitzen und Brokkoli und Möhren darin bei starker Hitze ca. 5 Min. unter Rühren braten. Zuletzt Ingwer und Schalotte hinzufügen und ebenfalls kurz mitbraten.

3 In einer kleinen Schüssel die Brühe mit Sojasauce und geröstetem (!) Sesamöl verrühren und zum Gemüse-Mix geben. Die Sprossen nach Belieben und das beiseitegestellte Hackfleisch unterheben und alles zugedeckt noch ca. 5 Min. ziehen lassen. Mit Salz und Pfeffer abschmecken.

4 Zum Servieren den Koriander waschen, trocken schütteln, die Blätter abzupfen und grob hacken. Die Hackpfanne auf Teller verteilen und mit Sesam und Koriandergrün bestreuen. Sie schmeckt heiß oder lauwarm.

TIPP:

Mungbohnensprossen, die Keimlinge der mit der Sojabohne verwandten Mungbohne, sind reich an Eiweiß, Mineralstoffen (Kalium, Magnesium, Zink), Vitaminen (B_1, B_2, B_6, E, C, Folsäure) und Ballaststoffen. Ihre sekundären Pflanzenstoffe (Carotinoide und Flavonoide) wirken immunstärkend, antioxidativ und entzündungshemmend.

HÜTTENKÄSETALER

mit Tomaten-Rucola-Salat

150 g körniger Frischkäse (mind. 20 % Fett i.Tr.)
1 Ei (M)
30 g zarte Haferflocken
30 g junger Gouda (am Stück; mind. 30 % Fett i.Tr.)
30 g magerer Kochschinken
Salz | Pfeffer
1 EL Haselnussblättchen
250 g kleine Tomaten
100 g Rucola
1 Schalotte
1 EL Aceto balsamico
2 EL Olivenöl

Für 2 Personen
45 Min. Zubereitung
15 Min. Backen

Nährwert pro Portion:

395 kcal
25 g Eiweiß
24 g Fett
17 g Kohlenhydrate

1 Den Backofen auf 220° vorheizen. Ein Backblech mit Backpapier belegen. Frischkäse, Ei und Haferflocken in eine Schüssel geben und gut miteinander verrühren, ca. 10 Min. quellen lassen. Den Käse fein raspeln. Den Schinken klein würfeln und mit 20 g Käse zur Frischkäsemasse geben. Mit Salz und Pfeffer würzen und alles gut mischen.

2 Aus der Frischkäsemasse mit einem Löffel nebeneinander 6 Portionen auf das Blech setzen und jeweils zu einem Taler (7–8 cm Ø) formen. Mit dem restlichen Käse bestreuen und im Ofen (Mitte) in ca. 15 Min. goldbraun backen.

3 Inzwischen die Nüsse in einer kleinen Pfanne ohne Fett bei mittlerer Hitze in ca. 5 Min. goldbraun rösten. Herausnehmen und abkühlen lassen. Die Tomaten waschen und in Spalten schneiden, dabei die Stielansätze entfernen. Den Rucola verlesen, waschen und trocken schleudern, dabei grobe Stiele entfernen. Schalotte schälen und fein würfeln.

4 Den Essig mit 1 EL Wasser, Salz und Pfeffer in einer Salatschüssel verrühren, das Öl nach und nach unterschlagen. Die Schalotte untermischen.

5 Zum Servieren die Hüttenkäsetaler aus dem Ofen nehmen und auf dem Blech kurz abkühlen lassen. Tomaten und Rucola vorsichtig mit der Vinaigrette mischen und auf Teller verteilen, mit den Nüssen bestreuen und die Hüttenkäsetaler daraufsetzen.

EIWEISS-
POWER
AUS DEM OFEN

HERZHAFT
UND UNKOM-
PLIZIERT

EIER IN GEMÜSE-SCHINKEN-SAUCE

2 Eier (M)
100 g Zucchini
1 dünne Stange Lauch
50 g TK-Erbsen
50 g magerer Rohschinken (z. B. Katenschinken)
75 g griech. Joghurt (10 % Fett)
125 ml Gemüsebrühe
¼ TL Johannisbrotkernmehl
½ EL Rapsöl
1 TL Butter
1 TL mittelscharfer Senf
Salz | Pfeffer
¼ Bund Schnittlauch

Für 2 Personen
30 Min. Zubereitung

Nährwert pro Portion:

- 285 kcal
- 18 g Eiweiß
- 19 g Fett
- 10 g Kohlenhydrate

1 Die Eier in kochendem Wasser in 5–7 Min. wachsweich kochen. Kalt abschrecken und pellen.

2 Inzwischen die Zucchini putzen, waschen und in ca. 5 mm kleine Würfel schneiden. Lauch putzen, längs halbieren, waschen und in dünne Halbringe schneiden. Erbsen antauen lassen. Schinken in kleine Würfel schneiden. Joghurt mit Brühe und Johannisbrotkernmehl glatt rühren.

3 Öl und Butter in einer Pfanne erhitzen und Zucchini und Lauch darin bei mittlerer Hitze ca. 2 Min. dünsten. Dann Erbsen und Schinken dazugeben und 1–2 Min. mitdünsten. Den Joghurt-Brühe-Mix untermischen und alles offen bei niedriger Hitze noch 4–5 Min. köcheln lassen.

4 Den Senf unter die Gemüsesauce rühren und alles mit Salz und Pfeffer abschmecken. Den Schnittlauch waschen, trocken schütteln und in feine Röllchen schneiden. Zwei Drittel des Schnittlauchs unter die Sauce rühren.

5 Zum Servieren die Eier quer halbieren, mit der Gemüse-Schinken-Sauce auf Teller verteilen und mit dem übrigen Schnittlauch bestreuen.

TIPP:

Nehmen Sie zum Andicken von Saucen am besten Johannisbrotkernmehl statt Speisestärke! Es ist glutenfrei und geschmacksneutral. Da Johannisbrotkernmehl fast nur schlecht verwertbare Kohlenhydrate enthält, gilt es als Ballaststoff. Aufgrund seiner guten Quelleigenschaften braucht man nur gut ein Fünftel der Menge an Speisestärke.

KRÄUTERSPARGEL

mit Roastbeef-Röllchen

Für den Spargel:
750 g weißer Spargel
3 EL Olivenöl
Salz | Pfeffer
¼ Bund Petersilie
2 Stiele Basilikum
½ Bio-Zitrone
15 g ungesalzene Pistazienkerne
Für die Röllchen:
40 g Rucola
30 g Parmesan (am Stück)
8 dünne Scheiben Roastbeefaufschnitt (ca. 100 g)
Pfeffer

Für 2 Personen
35 Min. Zubereitung
25 Min. Garen

Nährwert pro Portion:

365 kcal
24 g Eiweiß
26 g Fett
8 g Kohlenhydrate

1 Für den Spargel den Backofen auf 200° vorheizen. Ein Backblech mit Backpapier belegen. Den Spargel schälen und die holzigen Enden abschneiden. 2 EL Öl, Salz und Pfeffer in einer flachen Schale verrühren und die Spargelstangen darin wenden. Anschließend samt Würzöl auf dem Blech verteilen und im Ofen (Mitte) je nach Dicke der Spargelstangen 20–25 Min. garen.

2 Inzwischen Petersilie und Basilikum waschen, trocken schütteln, die Blätter abzupfen, fein hacken und in einen hohen Rührbecher geben. Die Zitrone heiß waschen, abtrocknen und ½ TL Schale fein abreiben, 1 EL Saft auspressen. Zitronenschale und -saft, 2 EL Wasser, übriges Öl, Salz und Pfeffer zu den Kräutern geben und alles mit dem Pürierstab fein pürieren.

3 Für die Röllchen den Rucola verlesen, waschen und trocken schleudern, dabei grobe Stiele entfernen. Den Parmesan mit dem Sparschäler in feine Späne hobeln. Die Roastbeefscheiben auf der Arbeitsfläche ausbreiten und pfeffern. Den Parmesan darauf verteilen, den Rucola quer darauflegen und jede Scheibe aufrollen.

4 Zum Servieren den Spargel aus dem Ofen nehmen, auf Teller verteilen und mit dem Kräuterdressing beträufeln. Die Pistazien grob hacken und darüberstreuen. Die Roastbeefröllchen dazu anrichten. Das Gericht schmeckt auch kalt und lässt sich gut vorbereiten.

PRIMA FÜR
GÄSTE

SACHREGISTER

REZEPTREGISTER

Damit Sie die Rezepte mit bestimmten Zutaten noch schneller finden, sind in diesem Register auch beliebte Zutaten wie Apfel oder Gurke alphabetisch eingeordnet und hervorgehoben. Darunter finden Sie das Rezept Ihrer Wahl.

IMPRESSUM
© 2020 GRÄFE UND UNZER VERLAG GmbH, Postfach 860366, 81630 München

G|U

GU ist eine eingetragene Marke der GRÄFE UND UNZER VERLAG GmbH, www.gu.de

ISBN 978-3-8338-7407-9
4. Auflage 2025

Projektleitung: Elke Sieferer
Lektorat: Kathrin Gritschneder
Korrektorat: Adriane Andreas
Innen- und Umschlaggestaltung: independent Medien-Design, Horst Moser, München
Herstellung: Renate Hutt
Satz: Longo AG, Bozen
Reproduktion: Longo AG, Bozen
Druck und Bindung: Firmengruppe APPL, aprinta druck, Wemding

Printed in Germany

Die Fotografinnen
Maria Grossmann und Monika Schürle arbeiten seit Jahren erfolgreich zusammen in den Bereichen Food, Stilllife und Interieur in Hamburg und Berlin. Zu ihren Auftraggebern gehören namhafte Verlage, Agenturen und Redaktionen im In- und Ausland. Für dieses Buch mit im Team: Foodstylist Lukas Grossmann.

Die Illustratorin
und Infografikerin Ela Strickert aus Hamburg verwandelt komplexe Inhalte in anschauliche Grafiken. Mit Liebe zum Detail hat sie die Erklärungen und Tipps rund um das Thema Leber bildlich umgesetzt.

Bildnachweis
Alle Fotos: Maria Grossmann und Monika Schuerle; außer: Titelbild: Stocksy (Bowl), Getty images (Untergrund); Autorenfoto Schaenzler: privat; Autorenfoto Kittler: Fotos mit Geschmack; Bilder auf S. 8, 11, 17, 19, 20, 23, 31, 33 und 37: Shutterstock; alle Grafiken: Ela Strickert, Hamburg

Syndication:
www.imageprofessionals.com

Titelrezept
Buddha Bowl mit gegrilltem Tofu S. 76

Umwelthinweis
Dieses Buch ist auf PEFC-zertifiziertem Papier aus nachhaltiger Waldwirtschaft gedruckt.

QUALITÄTS G|U GARANTIE

LIEBE LESERINNEN UND LESER,
wir wollen Ihnen mit diesem Buch Informationen und Anregungen geben, um Ihnen das Leben zu erleichtern oder Sie zu inspirieren, Neues auszuprobieren. Wir achten bei der Erstellung unserer Bücher auf Aktualität und stellen höchste Ansprüche an Inhalt und Gestaltung. Alle Anleitungen und Rezepte werden von unseren Autoren, jeweils Experten auf ihren Gebieten, gewissenhaft erstellt und von unseren Redakteur*innen mit größter Sorgfalt ausgewählt und geprüft.

Haben wir Ihre Erwartungen erfüllt? Sind Sie mit diesem Buch und seinen Inhalten zufrieden? Wir freuen uns auf Ihre Rückmeldung. Und wir freuen uns, wenn Sie diesen Titel weiterempfehlen, in Ihrem Freundeskreis oder bei Ihrem Online-Kauf.

Sollten wir Ihre Erwartungen so gar nicht erfüllt haben, tauschen wir Ihnen Ihr Buch jederzeit gegen ein gleichwertiges zum gleichen oder ähnlichen Thema um.

KONTAKT ZUM LESERSERVICE
GRÄFE UND UNZER VERLAG
Grillparzerstraße 12
81675 München
www.gu.de

Backofenhinweis
Die Backzeiten können je nach Herd variieren. Die Temperaturangaben in unseren Rezepten beziehen sich auf das Backen im Elektroherd mit Ober- und Unterhitze und können bei Gasherden oder Backen mit Umluft abweichen. Details entnehmen Sie bitte Ihrer Gebrauchsanweisung.